감사의 마음을 담아

_____ 에게 드립니다.

추천사

블록체인 기술로 탄생한 암호화폐는 미래를 바꿀 가장 중요한 기술이지만, 보통 사람이 이해하기 쉽게 설명한 책은 찾아보기 어려웠다. 이 책은 블록체인과 암호화폐를 일반인의 눈으로 쉽게 풀어서 설명했다. 단순히 현재의 암호화폐와 블록체인에 그치지 않고 이 기술들이 발전한 미래를 다소나마 그려보고 싶은 사람에게 이 책을 권한다.

　　　　　 — 정지훈, 경희사이버대 미디어커뮤니케이션학과 선임강의교수,
『거의 모든 IT의 역사』 저자

마침내 이런 책이 나왔다. 비유와 은유를 통해 블록체인을 쉽게 설명하는 책이! 왜 항상 일반인이 알아들을 수 없는 외계어로 블록체인과 암호화폐를 설명해야 하는가? 난 지금껏 이 두 기술에 대해 저자만큼 쉽고 훌륭하게 설명하는 사람을 보지 못했다. 블록체인과 암호화폐에 입문하려는 사람이라면 반드시 이 책부터 읽어야 한다.

　　　　　 — 표철민, (주)체인파트너스 대표이사, 한국블록체인비즈니스연구회 대표

잘 만들어진 한편의 드라마처럼 암호화폐를 쉽고 재미있게 이해시키는 책이다. 초보자뿐만 아니라 어느 정도 공부를 한 사람이라도 암호화폐와 블록체인 시장 전반을 이해하는 데 유용할 것이다.

　　　　　 — 박광세, 두나무(업비트) 블록체인 연구소 Lamda256 암호경제연구실장

암호화폐와 블록체인에 대해 기사를 쓰는 내게 송범근 저자의 글은 늘 좋은 참고자료이자 '동료'이다. 이더리움을 스타크래프트 유즈맵에 비유하는 등, 이 어려운 주제를 무척이나 흥미롭게 풀어낸다. 독자들이 암호화폐와 블록체인이 알고 보면 참 재미있는 기술이라는 걸 이 책을 통해 경험할 수 있기를 기원한다.

— 김지윤, IT 미디어 「아웃스탠딩」 기자

암호화폐와 블록체인에 관심 있는 사람에게 이 책은 필독서라 할 수 있다. 프로그래밍이나 IT 지식이 없어도 누구나 이해하기 쉽게 설명한 책이다. 덤으로 암호화폐 시장 동향에 대한 전반적인 이해를 얻을 수 있다.

— 안재윤, 유튜브 채널 '킬러웨일(KillaWhale)' 대표

누구나 블록체인에 대해 알고 싶어 하지만, 처음 공부를 시작할 때면 막막하기만 하다. 블록체인에 대해 쉽게 알려주는 곳이 거의 없기 때문이다. 이 책 『외계어 없이 이해하는 암호화폐』는 블록체인의 기본 원리부터 이를 응용한 분야들까지, 누구나 쉽고 빠르게 이해할 수 있도록 설명했다. 블록체인과 암호화폐를 처음 접한 이에게 효과적인 가이드가 될 것이다.

— 문영훈, 유튜브 채널 '스튜디오 디센트럴' 대표

하루도 빠짐없이 블록체인과 비트코인에 대한 가십이 쏟아져 나온다. 이더리움, 디앱, 알트코인 등 알 수 없는 용어가 넘쳐난다. 분명 중요한 키워드인 건 알겠는데 이해할 수 없는 용어와 수식으로 뒤덮여 있다. 이런 '외계어'와 폭등·폭락을 거듭하는 거래소로 인해 수많은 오해와 편견이 생겨났다. 이 책은 비트코인 시세 그래프로 가려진 눈과 ICO 투자 이야기로 막힌 귀를 열어주고, 블록체인과 암호화폐의 '진짜' 가치를 알려줄 것이다.

— 조병승, IT 전문지 「마이크로소프트웨어」 편집장

내가 처음 블록체인과 가상화폐에 매료되어 공부를 시작할 때 이 책을 알았더라면 많은 도움을 받았을 것 같다. 기술 혁신을 통해 기존에 부여하기 힘들었던 새로운 가치를 제공하고, 상호 간의 공정한 거래가 이뤄질 수 있는 새로운 생태계를 만들어갈 블록체인과 가상화폐는 우리에게 패러다임의 전환을 가져다줄 것이다. 지금 당장 비트코인을 사는 것보다, 이 책의 완독을 권한다.

— 이건우, '라인' 암호화폐 거래소 프로젝트 매니저

암호화폐와 블록체인 기술은 빠르게 발전하고 있고, 알아야 할 정보도 넘쳐난다. 그래서 처음 암호화폐와 블록체인을 접하는 사람들은 어디서부터 공부를 시작해야 할지 막막하기 마련이다. 이 책은 블록체인의 가장 기본적인 원리부터 현실 세계와 맞닿은 부분까지 예제를 통해 쉽고 친절하게 설명하고 있다. 암호화폐와 블록체인의 원리를 공부하고자 하는 사람들에게 훌륭한 입문서가 될 것이다.

— 김재윤, 서울대학교 블록체인 학회 '디사이퍼' 회장

외계어 없이
이해하는
암호화폐

비트코인부터 시작하는 블록체인&가상화폐 입문서

외계어 없이 이해하는
암호화폐

송범근 지음

책

차례 C O N T E N T S

2장

디앱(Dapp)과 이더리움 (Ethereum)

3장

프라이빗 블록체인과 리플

모두가 암호화폐에 대해 이야기하는 시대

암호화폐와 블록체인, 도대체 뭘까?

2016년 알파고와 이세돌 9단의 대국 이후 모두가 '인공지능'을 이야기했던 것처럼, 2017년 암호화폐 시장의 기록적인 성장 이후 모두가 암호화폐와 블록체인에 대해 이야기하기 시작했다.

사실 1년 전까지만 해도 비트코인이나 암호화폐라는 말조차 대부분의 사람들에게는 생소했고, 들어봤다 해도 그저 '해커들이 만든 새로운 싸이월드 도토리' 정도로 여겼을 뿐이다. 하지만 2017년 이후 비트코인은 뉴스에서도 수차례 방송될 정도로 큰 이슈가 되었다.

지금도 언론은 끊임없이 암호화폐와 블록체인과 관련된

새로운 기사들을 내보낸다. 수많은 기업들이 블록체인 기술 도입을 발표하고, 암호화폐 거래소들은 여전히 하루에 몇 억 원을 번다고 한다. 블록체인을 활용해 새로운 사업을 하겠다는 스타트업도 무수히 생겨났다.

그러나 귀에 딱지가 앉도록 그 이름만 들어봤을 뿐, 정작 암호화폐가 뭔지, 블록체인이 뭔지 아는 사람은 많지 않다. 여전히 일반 대중이 느끼기에는 블록체인이 내 삶에 어떤 도움을 줄 수 있는지 와 닿지 않는다. 그리고 이것들에 대해 쉽게 설명해주는 책이나 전문가 역시 찾아보기 힘들다.

그럼에도 불구하고 나는 블록체인과 암호화폐에 대해 더 많은 사람이 알고 이해해야 한다고 생각한다. 왜냐하면 블록체인 기술과 암호화폐라는 자산이 완전히 새로운 비즈니스 모델을 만들어내고 있고, 이렇게 패러다임이 새롭게 바뀌는 곳에는 언제나 기회가 있기 때문이다.

물론 블록체인 기술은 만능이 아니다. 하지만 '탈중앙화'와 '인센티브'라는 블록체인의 무기를 잘 사용하면 기존에는 상상도 못 했던 새로운 비즈니스가 등장할 수 있다. 스마트폰이 처음 나왔을 때를 생각해보자. 비록 기존 PC를 완전히 대체하지는 않았지만, 스마트폰이라는 새로운 플랫폼의 보급으로 인해 그전에는 상상도 못 했던 수많은 앱과 서비스가 생겨나지 않았는가?

암호화폐의 가격이 등락을 거듭하는 것을 보면서, 특히 폭락할 때면 블록체인의 미래에 대해 의문을 품는 사람이 생겨난다. 하지만 나는 오히려 올 초가 과열 상태였을 뿐, 진짜 게임은 지금부터 시작이라고 생각한다. 이미 현장에서는 엄청난 속도로 변화가 일어나고 있다.

대중에게 잘 알려진 기업들도 패러다임의 변화를 예감하고 블록체인 프로젝트를 시작하거나 자금 조달(ICO)을 준비 중이다. 카카오나 라인 같은 IT 선도 기업은 물론, 많은 대기업들이 블록체인 전담 팀을 꾸릴 정도다. 특히 금융업에서는 블록체인과 암호화폐에 특화한 전문 투자사나 엑셀러레이터 등이 빠르게 규모를 키워가고 있다. 산업을 막론하고, 새로운 패러다임의 변화에서 선두를 차지하기 위해 치열한 경쟁이 펼쳐지고 있는 것이다.

새로운 기회를 찾는 사업가나 구직자라면 블록체인과 암호화폐는 반드시 공부해야 할 주제다. 블록체인 기반 서비스는 기존 서비스와는 완전히 다르고, 이제 시작 단계라 모두가 비슷한 출발선에 있는, 말 그대로 블루오션이기 때문이다.

참고로 블록체인에는 단순히 개발자만 필요한 것이 아니다. 블록체인 프로젝트의 성공을 위해서는 기술을 구현하는 개발자 외에도 마케터, 경제학자, 서비스 기획자가 필요하다.

중요한 것은 이들 모두에게 '블록체인에 대한 이해'가 반드시 있어야만 한다는 것이다. 현재는 블록체인을 '이해하는' 인재에 대한 기업의 수요는 엄청난 반면 공급은 턱없이 부족한 상황이다.

사실 당연한 일이다. 블록체인과 암호화폐를 이해하는 것은 쉬운 일이 아니다. 블록체인은 우리가 한 번도 상상해보지 못한 기술로, 기존의 어떤 기술과도 다르며, 암호화폐도 기존의 자산들(주식, 채권, 화폐, 마일리지 등)과 전혀 다르기 때문이다. 인공지능이나 로봇, 가상현실 등도 최첨단 기술이지만, 그것들은 적어도 SF 영화에서라도 보기는 했으니 적어도 어떤 개념인지 감은 잡힌다. 하지만 아직 블록체인은 그 비슷한 것도 영화에 등장한 적이 한 번도 없다. 그러니 이해하기 더 어려울 수밖에 없다.

하지만 블록체인과 암호화폐를 이해하기 어려운 더 큰 이유는, 쉽게 그리고 제대로 설명해주는 사람이 없기 때문이다. 뉴스 기사나 인터넷에 올라오는 관련 글 중에는 뛰어난 것도 간혹 있지만, 대부분은 사실여부가 불분명할뿐더러 파편화된 정보만을 제공한다. 주로 투자 시점에서 가격이 얼마 올랐다거나 어떤 호재가 있다거나 하는 정보들이다. 그 암호화폐와 블록체인이 실제로 어떤 문제를 해결할 수 있는지, 그 본질적 가치가 무엇인지에 대한 글은 찾아보기 힘들다.

간혹 보이는 깊이 있는 글들은 이전부터 암호화폐에 관

심을 가졌던 사람들이 쓴 글이다. 허나 이들은 주로 IT 지식이 해박한 사람들이라 기술적인 내용에 초점을 맞추는 경우가 많고, 배경 지식 없는 독자라면 이해하기 어려운 전문 용어 사용이 많다. 그래서 그런 글들을 열심히 읽어봐도 '분산 장부' '채굴' '탈중앙화' 같은 어려운 단어 몇 개만 기억날 뿐, 여전히 이해하기 힘들다.

나 역시 그랬다. 나는 암호화폐나 블록체인 전문가가 아닌, 그저 이 세계에 관심이 많은 경제학도일 뿐이다. 그래서 1년쯤 전 블록체인을 공부하기 시작했을 때, 아무리 자료를 읽어도 이해할 수 없어 답답했다. 배경 지식이 부족한 '문돌이'로서 블록체인의 본질을 제대로 이해하기까지는 정말 많은 시간이 걸렸다.

생소한 개념을 친숙한 개념으로

이 책은 나처럼 시중의 글들을 읽어도 블록체인과 암호화폐의 개념조차 이해하기 어려운 사람들을 위해 세상에 나왔다. 나역시 그들과 같은 입장이었기에 더더욱 일반 독자 관점에서 설명할 수 있겠다는 생각에 책을 썼다.

내가 이 책에서 집중한 바는 다음과 같다.

첫째, 기술이 아닌 문제 중심으로 설명한다.

단순히 '이런 기술이 있다'가 아니라, '현재 세상에는 이런 문제가 있고, 이런 문제를 풀기 위해서 어떤 기술이 쓰일 수 있다'는 관점이다. 기술은 그 자체가 아니라 그 기술이 어떤 문제를 해결할 수 있느냐에 따라 가치가 결정되기 때문이다. 우리는 블록체인을 만들거나 기술적으로 구현하는 사람들이 아니다. 그러니 블록체인이 어떤 문제를 해결하는지 이해하고, 암호화폐의 가치에 대해 아는 것이 더 중요하다.

둘째, '외계어' 없이 설명한다.

딱딱한 기술적 용어를 최대한 줄이고, 우리가 알고 있는 친숙한 개념에 비유해 설명하려 했다.

컴퓨터가 처음 등장했을 때, 사람들은 컴퓨터의 자료 저장 구조를 잘 이해하지 못했다고 한다. 추상적이고 낯선 개념이었기 때문이다. 그래서 당시 전문가들은 자료 저장 구조에 이름을 붙일 때 컴퓨터의 주요 고객인 회사원들에게 익숙한 것들―종이묶음(file), 서류철(folder), 안내 책자(directory), 책상(desktop)―을 활용했다. 우리가 지금까지 사용하는 컴퓨터 용어들은 이때 만들어진 것이다.

블록체인과 암호화폐의 세계를 이해할 때도 이런 식의 접근이 필요하다. 적절한 비유와 사례만으로도 낯선 개념을

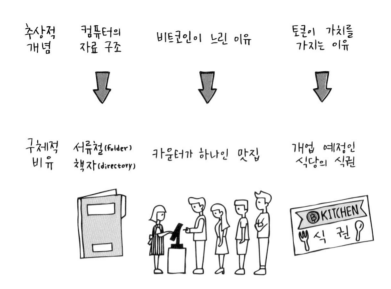

이해하는 데 훨씬 도움이 될 것이다.

하지만 순화한 비유와 설명을 사용한 것일 뿐이니, 다른 관점에서 봤을 때는 비유가 맞지 않을 수도 있음을 미리 밝혀둔다.

셋째, 꼭 필요한 기초 개념만 설명한다.

책 한 권에 블록체인의 방대한 세상을 모두 담기란 애초에 불가능하므로 원리와 본질을 이해하는 데 꼭 필요한 기초적인 개념들 위주로 설명했다. 입문서로써 기본을 제대로 설명하는 게 더 낫다고 생각했기 때문이다(그래서 이미 블록체인에 대해 어느 정도 알고 있는 사람이라면 설명이 부족하다고 느낄 수도 있다). 이 책으로 전체적인 개념을 이해한 후 조금 더 수준 높은 글들을 보면서 공부하기를 추천한다.

이해할 수 없는 시장에 투자하지 말라

암호화폐 투자에 관심 있는 사람이라면 더욱더 이 책을 읽어야 한다고 생각한다.

현재 암호화폐 투자 시장은 그리 건전하지 못하다. 많은 사람이 암호화폐가 무엇인지도 모르는 상태로 투자를 시작한다. 그저 누가 비트코인으로 얼마를 벌었다는 얘기에 혹해 '나도 한번?'이라는 생각으로 시작하는 경우가 대부분이다. 이들 중 자신이 투자한 암호화폐에 대해 30초 이상 설명할 수 있는 사람이 거의 없는 실정이다. 새로 ICO(Initial Coin Offering: 가상화폐공개)를 했다는 코인들은 더욱 그렇다.

그렇다 보니 현재 암호화폐 시장은 폭락과 폭등, 조작, 광풍, 작전, 사기, 해킹이 난무한다. 새로운 암호화폐가 등장하고 기업들이 코인을 발행해 투자를 받거나 블록체인을 활용한 시도가 많아지는 것 자체는 좋은 현상이라고 본다. 다양한 시행착오가 축적되어야만 블록체인이 사람들에게 유용하게 쓰일 수 있을 것이기 때문이다.

하지만 그러려면 투자자들이 옥석을 가려낼 판단 능력을

갖추어야 한다. 그래야 자정작용을 통해 알맹이가 있는 프로젝트만 살아남을 것이다. 하지만 안타깝게도 상황은 그렇지가 않다. 적당한 키워드와 그럴듯한 웹사이트만 가지고 코인을 발행하면 수십억이 모이는 상황이니 사기꾼이 넘쳐날 수밖에 없다. 많은 사람이 이상적인 상황을 가정해 블록체인으로 혁명과 파괴적 혁신을 일으킬 것처럼 이야기하지만, 현실은 아직 갈 길이 한참 멀었다.

이런 상황에서 사기 당하지 않고 올바른 투자를 하려면 공부를 해야 한다. 그리고 이를 위해서는 반드시 암호화폐와 블록체인에 대한 근본적인 이해가 선행되어야 한다. 주식 투자를 하려면 가장 먼저 기업이 무엇인지, 그리고 기업이 어떻게 돈을 버는지 알아야 하고, 그 결과가 재무제표에 어떻게 기록되는지 알아야 하는 것처럼 말이다. 암호화폐에 투자할 때도 블록체인은 어떤 역할을 하며 암호화폐라는 자산은 어떤 메커니즘을 사용하는지 이해해야 한다.

'태풍이 불면 돼지도 난다'는 말이 있다. 지금 암호화폐와 블록체인은 태풍을 등 뒤에 업고 급상승 중이다. 하지만 이 태풍이 언제 사라질지는 아무도 모른다. 그때 후회하지 않으려면 자신이 투자하고 있는 것이 '돼지'인지 아닌지 냉정한 눈으로 파악해야 한다.

오마하의 현인, 투자의 귀재 워런 버핏은 말했다.

"자신이 이해할 수 없는 비즈니스에는 투자하지 말라
(Never invest in a business you cannot understand)."

블록체인은 이해와 참여가 있어야 완성되는 기술

특정 암호화폐를 보유한다는 것은 단순한 투자 행위가 아니라 그 네트워크의 참여자가 되는 것이다. 즉, 투자자들이 블록체인의 원리와 탈중앙화에 대해 이해해야만 네트워크가 제대로 운영되고 발전할 수 있다. 국민이 민주주의 시스템을 알아야만 정치 시스템이 제대로 돌아가는 것과 마찬가지다.

어떤 의미에서 블록체인은 단순한 IT 기술이 아닌, 정치가 결합된 기술이다. 제도를 제안하고 틀을 짠 사람은 있지만, 그것을 받아들이고 돌아가게 하는 것은 암호화폐를 보유한 투자자와 사용자들이다. 블록체인에는 사회적 메커니즘이 있고, 개개인이 어떻게 행동하는지에 따라 블록체인으로 할 수 있는 것들이 달라진다.

그래서 암호화폐의 투자자들은 반드시 이 네트워크가 어떻게 운영되는지, 내가 가진 암호화폐는 어떤 권리와 책임을 의미하는지를 알아야 한다. 많은 사람이 블록체인이라는 시스템을 이해할수록 블록체인 기반 어플리케이션은 발전한다. 이책이 그런 방향에 조금이나마 도움이 되었으면 좋겠다.

블록체인은 그저 기술일 뿐이다

블록체인과 암호화폐 관련해 저지르는 가장 흔한 오류는 수많은 프로젝트를 블록체인 또는 '코인'이라는 이름 아래 뭉뚱그리는 것이다. 하지만 블록체인은 단순히 기술을 의미할 뿐이다. 이를 통해 해결하고자 하는 문제나 네트워크의 구조, 특성은 매우 다양하다.

이 책에서는 블록체인을 3가지 영역—화폐를 위한 블록체인, 디앱(Dapp; Decentralized Application, 분산 어플리케이션, 이하 '디앱')을 위한 블록체인, 기업을 위한 블록체인—으로 나누어 설명한다.

화폐를 위한 블록체인에서는 화폐가 무엇인지, 비트코인이 어떻게 화폐가 될 수 있는지, 비트코인의 장단점은 무엇인지 알아보고 라이트코인과 비트코인 캐시, 모네로, 대시 등 다양한 경쟁 화폐들에 대해 소개한다.

디앱을 위한 블록체인에서는 이더리움의 등장으로 확장된 블록체인의 활용과 실제로 유용하게 쓰일 수 있는 것은 무엇인지를 살펴본다. 스팀잇(Steemit), 파일코인(Filecoin), 시빅(Civic), 팩텀(Factom) 등 실제 디앱 사례와 네오(NEO), 퀀텀(Qtum), 카르다노(Cardano), 이오스(EOS) 등 이더리움과 경쟁하는 디앱 플랫폼에 대해서도 설명한다.

기업용 블록체인에서는 일반적인 블록체인과는 전혀 다른 '프라이빗 블록체인'을 알아본다. 이를 통해 왜 기업들이 블록체인 개발에 열을 올리는지 이해할 수 있을 것이다. 기업용 블록체인 분야의 대표주자인 리플(Ripple)에 대해서도 알아본다.

다음으로는 블록체인의 역사적 의미가 무엇인지, 어째서 반짝하고 마는 것이 아니라 사회를 바꿔놓을 기술인지와 왜 우리가 블록체인을 이해해야 하는지를 다루었다.

마지막으로 암호경제학(Cryptoeconomics)과 인터체인(Interchain), 스테이블코인(Stablecoin) 등 블록체인 업계에서 논의되고 있는 흥미로운 주제들과 몇 가지 읽을거리를 담았다.

이 책의 내용은 기초에 불과하다. 지금도 블록체인은 빠르게 진화하고 있으니, 책이 출간될 때면 전혀 다른 모습일지도 모른다. 하지만 이 책에 담긴 각 프로젝트의 목표와 특성이 블록체인의 생태계를 이해하는 기본 지식으로는 충분할 것이다.

1장

화폐와
비트코인

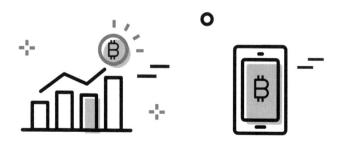

1.
화폐의 본질과
비트코인

바닷속에 가라앉은 돌덩이가 재산이 될 수 있는 이유

이름에서 알 수 있듯이 암호화폐도 '화폐'의 일종이다. 그러니 암호화폐에 대해 이야기하기에 앞서 화폐란 무엇인지부터 생각해보자.

노벨상을 수상한 경제학자 밀튼 프리드먼의 『화폐경제학』에는 화폐의 본질을 잘 보여주는 예시가 하나 나온다. 태평양에 위치한 작은 섬 얍(Yap)의 이야기다. 이 섬 주민들은 '라이 스톤(Rai Stone)'이라는 커다란 돌을 화폐로 사용한다. 이

돌의 크기가 클수록 '큰돈'인 셈인데, 개중에는 집채만 한 것도 있다. 얍 주민들은 어떻게 이렇게 큰 돌을 화폐로 사용할 수 있을까?

물론 실제로 그 큰 돌을 들고 다니면서 거래할 때 주고받지는 않았다. 대신 얍 사람들은 이 돌이 누구의 것인지 '기록'을 해둔다. 내가 A라는 사람에게서 무언가를 사기로 했다면, 장부에 '내가 가진 어디어디에 있는 돌은 이제 A의 것이다'라고 적어놓기만 하면 됐다. 얍은 주민이 그리 많지 않기 때문에 이제 이 돌이 누구의 것인지 다 알게 되고, 그 돌만큼의 가치를 A가 가지고 있다는 것을 '믿어준다'.

배로 라이 스톤을 옮기다가 바다에 빠뜨렸다 해도 주민들은 어차피 그 돌이 누구 것인지 알고 있기 때문에 문제될 게 없었다고 한다. 즉, 어떤 라이 스톤이 있다는 것을 사람들이 알고 있고 그 주인이 누구인지 다 알고 있는 상황에서, 그 돌이 바다 밑에 있든 주인의 집에 있든 상관없다고 여겼다는 것이다.

오늘날 우리가 쓰는 돈도 이와 같다. 1만 원짜리 지폐는 왜 1만 원의 가치가 있는가? 그 종이에 그만큼의 가치가 있어서가 아니라, 모든 사람이 그 종이가 1만 원의 가치가 있다고 '믿어주기' 때문이다.

왜 멕시코 페소는 한국에서 가치가 없는가? 한국에 있든 멕시코에 있든 페소 동전 자체는 바뀌지 않는다. 하지만 한국에서는 페소가 가치가 있다고 '믿어주는' 사람이 없기 때문에 페소 동전의 가치는 완전히 달라진다.

즉, 돈은 돈 그 자체로서 가치 있는 것이 아니다. 돈은 내가, 그리고 내가 속한 공동체가 그것을 가치 있다고 '신뢰'하고, '보증'해주기 때문에 가치를 가진다. 따라서 신뢰할 수 있는 것이라면 그것이 조개껍데기든 돌덩이든 종이 쪼가리든 상관없이 '화폐'가 될 수 있다. 그것이 화폐의 본질이기도 하다.

돈만이 아니라 '사람'도 믿을 수 있어야 거래가 가능하다

그렇다면 이제 문제는 '어떤 것을 신뢰의 대상으로 삼을 것인가'이다. 어떤 물건을 화폐로 쓰느냐에 따라서 편의성과 안전성이 달라진다. 라이 스톤과 같은 돌덩이도 화폐가 될 수 있지만, 운송과 보관, 분할이 매우 불편하다.

고대로부터 화폐의 형태는 다양하게 변화해왔다. 처음에는 보리, 밀과 같은 식품 화폐가 사용되었다. 조개껍데기나 동물 이빨 같은 물품 화폐도 있었다. 하지만 이런 초기의 화폐들은 통일성이 부족해 일관된 기준으로 쓰기가 어려웠다.

그 뒤 금속 화폐가 등장했다. 금속 화폐는 내구성이 좋고, 비교적 통일된 단위가 있었다. 그다음은 지폐였다. 지폐는 금속 화폐보다 휴대성이 훨씬 좋았다. 금속 화폐(동전)와 지폐는 현재까지도 쓰이고 있다.

하지만 현재 가장 많이 쓰이는 화폐는 '전자화폐'다.

돈이라고 하면 흔히 지폐나 동전을 떠올리지만, 한국은행이 발표한 「2016년 지급수단 이용행태 조사결과 및 시사점」에 따르면, 실제 결제에 사용된 화폐 중 동전이나 지폐와 같은 물리적 화폐는 13%에 지나지 않았다고 한다. 나머지 87%는 통장의 잔고나 신용카드 명세서같이 컴퓨터에 기록된 숫자에 지나지 않는다.

전자화폐가 널리 쓰이는 이유는 간단하다. 기존의 화폐들보다 편리하기 때문이다. 귀찮게 들고 다닐 필요도 없고, 잔돈도 안 생기며, 시간이 지나도 변질되거나 파손되지 않는다.

그런데 전자화폐도 처음 생겨났을 때는 큰 문제가 있었다. 디지털 데이터는 복사하기 쉽다는 점이었다. 게다가 복사한 돈과 원본은 아무런 차이도 나지 않는다. 가진 돈을 복사해서 계속 쓸 수 있다면, 화폐에 대한 '신뢰'는 무너진다.

이처럼 같은 돈을 두 번 이상 계속 쓰는 것을 '중복 지불(double spending)'이라고 한다.

전자화폐를 쓰려면 중복 지불을 못 하도록 관리할 사람이 필요하다. 현대 사회는 '신뢰를 보증할 제3자'를 데려와 이 문제를 해결한다. 거래 당사자들은 더 이상 전자 화폐에 해당하는 데이터를 직접 주고받지 않는다. 대신 거래 당사자와 관련이 없는, 중립적이고 믿을 수 있는 주체가 거래를 중개한다. A라는 사람에게 돈을 보내고 싶다면 "A에게 X만큼 돈을 보내주세요"라고 이 중개자에게 요청한다. 그럼 중개자는 내 잔고가 충분한지 확인한 후, 요청이 들어온 만큼의 돈을 빼서 B의 계좌에 더한다.

이 과정에서 아무런 물리적 교환도 일어나지 않는다. 중개자는 단순히 컴퓨터 안에 존재하는 숫자만 바꿔주었을 뿐이다. 하지만 거래 당사자를 비롯해 모든 사람이 이 중개자를 신뢰하기 때문에 아무런 문제없이 전자화폐를 주고받을 수 있다. 예상했겠지만 이 중개자가 바로 오늘날의 은행이다.

개인간 화폐를 주고받을 때

받고 나서
시치미 떼면
어떡하지?

이거 위조, 복사
한 거 아닐까?

조작, 중복 지불의 위험

중개자를 통해 화폐를 주고받을 때

제 3자에 의한 신뢰보증

실제로는 수많은 은행과 국가 기관이 복잡하게 얽힌 금융 인프라의 형태지만, 단순화를 위해 하나의 중앙은행만 있다고 생각해보자. 이 은행은 누가 누구와 얼마를 주고받았는지 모두 기록한 장부를 가지고 있다. 모든 사람은 은행이 그 장부를 잘 관리하고 있을 것이고 만에 하나 일이 잘못되면 은행이 정당한 책임을 진다고 생각한다. 그 신뢰가 있기 때문에 통장에 찍혀 있는 숫자가 화폐로 쓰이는 것이다.

제3자가 개인 간의 거래를 기록 및 검증해주고, 개인들이 이 제3자를 모두 신뢰하기 때문에 우리는 중복 지불 없이 편리하게 전자화폐를 쓸 수 있게 되었다.

전자화폐 vs 가상화폐 vs 암호화폐

현재 국내에서 비트코인과 같은 화폐를 부르는 용어만 해도 가상화폐, 전자화폐, 암호화폐 등 다양하다. 하지만 전 세계적으로 공식적인 명칭은 '암호화폐(cryptocurrency)'로 통일되었다.

그렇다면 이 용어들에는 어떤 차이가 있는 걸까?

앞서 말했듯이 전자화폐는 금융 기관이 보증하는 통장이나 체크카드 및 신용카드 같은 형태의 화폐를 뜻한다. 중앙은행에서 발행하는 현금과 동일하게 법적으로 가치를 보장받는다. 우리가 쓰고 있는 원화 중 물리적으로 실재하는 것이 아닌 '숫자'들은 모두 전자화폐라고 보면 된다.

'가상화폐'는 발행 주체가 정부나 금융 기관이 아닌 화폐를 부르는 말이다. 게임에서 쓰이는 게임머니, 지금은 사라진 싸이월드의 도토리, 쇼핑몰의 포인트 등이 여기 속한다. 지불한 돈만큼의 가치를 지니지만, 기업이 소유하고 있는 서비스 내에서만 쓸 수 있다. 화폐의 가치는 기업이 보증한다. 그렇기에 가상화폐는 대부분 실제 화폐로 현금화할 수 없다.

'암호화폐'는 이들과 개념이 다르다.

암호화폐와 나머지 화폐들의 가장 핵심적인 차이는 '화폐를 관리하는 중앙 기관이 없다'는 것이다. 특정 기업이 가치를 보증하는 가상화폐와 달리, 암호화폐는 네트워크 참가자들의 합의가 가치를 보증한다. 또한 암호화폐는 거래소를 통해서 실제 화폐로 현금화할 수 있다. 현금화하는 비율, 즉 암호화폐의 가격은 해당 암호화폐에 대한 수요와 공급에 따라 변동한다. 비트코인, 라이트코인, 리플 등이 여기에 속한다.

이를 표로 정리해보면 다음과 같다.

	현금	전자화폐	가상화폐	암호화폐
형태	동전, 지폐	디지털 데이터	디지털 데이터	디지털 데이터
법적 화폐 인정 여부	인정	인정	인정 안 됨	인정 안 됨
발행 기관	중앙 은행	금융 기관	기업	없음
현금으로 교환	-	금융 기관이 현금화를 보증	대부분 현금화 불가능	거래소에서 현금화 가능

혼란을 피하기 위해 이 책에서는 공식 명칭인 암호화폐를 일관되게 사용하고, 전자화폐나 현금은 법정 통화를 지칭하는 말로 쓸 것이다.

요 약 ¶ ——————————————————————

1) 화폐의 가치는 사람들이 그 화폐를 얼마나 신뢰하느냐에 달려 있다.
2) 현대 사회에서는 은행이 신뢰를 보증하는 전자화폐가 가장 많이 쓰인다.
3) 법정화폐, 전자화폐, 가상화폐, 암호화폐는 각각 다른 개념으로, 비트코인(BTC), 이더리움(ETH), 리플(XRP) 등은 '암호화폐'에 속한다.

금융 위기 그리고 비트코인의 등장

10년 전, 미국에서는 전례 없는 금융 위기가 터졌다. 금융 기관들은 갚을 능력이 없는 사람들에게 수년간 위험한 대출을 해주었다. 수많은 사람이 갚을 능력이 없는 돈을 빌렸고, 금융 기관은 역대 최대의 수익을 올렸다. 하지만 악성 대출은 계속 쌓여 갔다. 그러다가 돈을 갚지 못하는 사람이 속출하자 이들은 한순간에 무너져 내렸다. 많은 은행이 파산 직전까지 갔다. 문제가 심각해지자 미국 정부는 국가 경제에 끼칠 악영향을 막기 위해 이 기관들에게 돈을 지원했다. 허나 엄청난 양의 돈을 지원해주자 국가의 재정이 부족해졌다.

미국 정부는 그 돈을 어떻게 메웠을까? 간단했다. 돈을 찍어냈다. 찍어낸 돈으로 적자를 메웠다. 물론 세상에 공짜는 없다. 화폐로 살 수 있는 상품은 그대로인데 화폐량이 증가하면 화폐의 가치는 떨어진다. 즉, 사람들이 가지고 있는 돈의 가치가 하락하고, 그 돈만큼 은행을 지원하는 데 쓰인 것이다.

정부가 화폐 가치를 조절할 수 있는 막강한 권력을 가지게 된 것은 50여 년 전, 금본위제를 폐지하면서부터다. 금본위제란, 쉽게 말해 금을 보유하고 있는 만큼 화폐를 찍어낼 수 있다는 뜻이다. 하지만 1971년 미국은 금본위제를 폐지했고, 가지고 있는 금과 상관없이 화폐를 찍어낼 수 있게 됐다. 달러를 비롯한 대부분의 법정화폐는 어떤 물리적 자산과도 연동되어 있지 않다. 화폐의 가치를 보증한다는 정부의 약속이 적혀 있을 뿐이다.

그 후로 정부는 재정 적자가 있을 때마다 돈을 찍어내서 메웠다. 특히 미국 정부가 그랬다. 금본위제 폐지 이후 유통되는 화폐의 양은 급격하게 증가했다.

사람들은 이런 현실에 대해서 잘 알지 못하거나, 알면서도 대수롭지 않게 여긴다.

"결국 누군가는 화폐를 보증하고 관리해야 하잖아. 정부는 누군가 해야 할 일을 할 뿐이야. 어차피 '대안'은 없어."

"찍어낸 돈으로 실업을 줄이거나 기업의 성장에 투자하

면 상관없지."

정말로 그럴까? 정부가 찍어낸 돈은 공공의 이익을 위해 쓰이고 있을까? 반드시 정부가 화폐의 신뢰를 보증하고 관리해야 할까? 여기에 아무런 대안이 없는 걸까?

'정부가 통제하지 못하는 화폐'라는 아이디어는 이런 의문에서 시작되었다.

미국 은행들이 줄줄이 파산한 지 몇 주 뒤인 2008년 9월, 사토시 나카모토라는 익명의 개발자가 9페이지짜리 논문을 공개했다. '정부가 통제하지 않는 화폐'를 만드는 방법을 설명한 논문이었다. 은행의 역할을 블록체인이라는 기술로 대체할 수 있다는 설명이었다.

'정부가 통제하지 못하는 화폐'라는 아이디어는 몇몇 'IT 덕후'들과 정부의 화폐 권력에 반발하는 사람들을 중심으로 인기를 얻었다. 사토시는 자신의 프로젝트에 관심을 보인 소수의 개발자들과 함께 최초의 블록체인을 만들고 테스트를 진행했다. 최초의 블록에 기록된 다음 문장에서 비트코인이 만들어진 목적을 알 수 있다.

"The Times 03/Jan/2009 Chancellor on brink of second bailout for banks(은행권 긴급 구제금융 초읽기에 들어간 재무장관)."

2009년 1월 3일 영국 「타임」지의 헤드라인이다. 정부가 은행들에게 두 번째 구제 금융을 해주기 직전이라는 내용의 기사 제목을 인용한 문장이다. 비트코인의 초기 정신이 '정부가 통제하지 못하는 화폐'에 있음을 잘 보여준다.

비트코인이 점점 더 알려지던 2010년, 사토시는 별안간 잠적해버렸다(그 후 자신이 사토시라고 주장하는 많은 사람들이 등장했지만, 모두 증명하지는 못했다). 중요한 것은 사토시의 뒤를 이은 개발자들과 비트코인을 지지하는 커뮤니티가 생겨났고, 이들에 의해서 비트코인은 계속해서 발전해왔다는 것이다. 오늘날 비트코인은 시가총액이 약 350조 원에 이르는 거대 프로젝트가 되었다. 물론 이 책을 읽을 때면 바뀌어 있겠지만 말이다.

제3자의 개입 없는 화폐 시스템

앞서 말했듯이 거래의 대부분을 차지하는 전자화폐는 제3자(금융 기관)에 대한 신뢰를 기반으로 한다. 사토시는 이런 제3자의 개입 없이, 누구도 통제권을 갖지 않는 화폐 시스템을 만들고자 했다.

그렇다면 어떻게 제3자의 개입 없이 디지털 기반의 화폐를 만들 수 있다는 걸까? 디지털 데이터는 수정이나 복사가 쉬워 위조의 가능성이 높고, 따라서 화폐의 본질인 신뢰가 깨질 수밖에 없다. 그래서 은행이 화폐를 관리하는 것이다. 화폐가 위조 또는 복사되지 않았다는 사실을 은행이 보증해주지 않는다면 우리는 어떻게 이 화폐를 믿을 수 있을까?

사토시의 아이디어는 '블록체인'이라는 디지털 장부를 만들어서 은행의 기능을 대체한다는 것이었다.

이 장부는 다음과 같은 특징을 지닌다.

— 장부에 한 번 쓰인 내용은 수정되거나 지워지지 않고, 영구적으로 저장된다.
— 모든 사람은 이 장부의 사본을 가지고 있으며 언제든지 꺼내 볼 수 있다.
— 모든 사람은 여기에 기록된 내용을 신뢰한다.

어떻게 이런 장부를 만들 수 있는지는 잠시 뒤에 설명하기로 하고, 만약 이런 장부가 있다면 어떨지 생각해보자.

모든 사람의 거래가 기록된 장부가 있고, 사람들은 이 장부의 내용을 신뢰한다. 누가 얼마를 가지고 있는지는 이 장부를 기준으로 인정된다. 실제로 현물이 오가지 않아도, 은행 같은 중개 기관이 없어도, 사람들은 이 장부를 기준으로 '돈'을 교환할 수 있다.

앞서 말했듯이 화폐는 종이든 동전이든 컴퓨터에 기록된 숫자이든 상관이 없다. 중요한 것은 사람들이 그것의 가치를 믿느냐 안 믿느냐이다. 따라서 모두가 신뢰할 수만 있다면, 장부에 적힌 '숫자'는 '화폐'가 된다.

블록체인은 특정 사람이나 기관이 아닌 소프트웨어가 관리한다. 블록체인을 활용하면 중앙 주체 없이도 화폐에 대한 '신뢰'를 만들어낼 수 있다. 이 아이디어를 현실화시킨 것이 바로 '비트코인'이다. 즉, 은행이 보증하는 신뢰를 블록체인이 보증하는 신뢰로 대체한다. 이것이 비트코인, 나아가 암호화폐의 핵심이다.

참고로, 비트코인은 화폐 단위만이 아니라 '비트코인 네트워크'라는 전체 시스템도 지칭한다. 혼란을 막기 위해 이 책에서는 '비트코인 네트워크'는 비트코인으로, 화폐 단위는 BTC로 표기한다.

2.
비트코인으로 살펴보는 블록체인의 원리

은행 없이도 화폐가 만들어질 수 있는 이유

알다시피 우리나라의 화폐는 한국은행에서 발행 계획을 세우고 한국조폐공사에서 발행한다. 하지만 블록체인에서는 은행도, 조폐공사도 없이 화폐를 만들어낸다. 말 그대로 무(無)에서 유(有)를 창조해내는 것이다. 이해하기에 쉬운 내용은 아니지만, 그만큼 중요한 이야기이기도 하다.

블록체인이 정부와 은행 없이 화폐를 만들어내고 신뢰를 유지하는 방법을 살펴보기 전에 알아두어야 할 것이 있다. 비트코인에 사용된 블록체인이 '최초'의 블록체인이긴 하지만, 유일한 블록체인은 아니라는 것이다. 비트코인의 등장 이후 블록체인이 제공하는 '신뢰'를 기반으로 수많은 암호화폐와 응용 프로그램이 만들어졌다.

하지만 여전히 비트코인 블록체인은 모든 블록체인의 기준이다. 다른 블록체인은 대부분 비트코인에서 파생되었다고 볼 수 있다.

이해를 돕기 위해 이 책에서는 비트코인에 사용된 블록

체인을 기준으로 설명하고, 그 차이점을 통해 다른 블록체인을 알아보도록 하자.

은행을 없애려면 먼저 은행이 무슨 일을 하는지 알아야 한다. 은행은 전자화폐의 신뢰를 유지하기 위해 2가지 일을 한다.

첫째, 거래 내역이 담긴 장부를 안전하게 보관한다. 즉, 누가 누구에게 돈을 보냈는지, 누가 돈을 얼마 가지고 있는지 그 데이터를 은행 서버에 보관한다.

둘째, 거래 내역에 문제가 없는지 검증한다. 새로운 거래 요청이 들어올 때 돈을 중복해서 쓰지는 않았는지, 잔고가 없는데 돈을 보내지는 않았는지 등을 확인하고 걸러낸다.

따라서 블록체인이 은행을 대체하려면 이 2가지(보관, 검증)를 대신해야 한다. 단, 이 2가지 일을 단일주체가 해서는 안 된다.

사실 수십 년간 많은 사람이 이 문제를 풀기 위해 노력해 왔지만, 아무도 성공하지 못했다.

블록체인을 혁신이라 하는 이유가 바로 이 문제를 해결했기 때문이다. 사토시 나카모토는 9페이지짜리 논문에서 이 문제에 대한 해결책을 제시했고, 실제로 구현해냈다. 그 논문은 수많은 수학적 개념과 공식이 사용되었기에 일반인이 이해하기에는 너무 어려우니, 이해를 돕기 위해 여기서는 최대한 간단하게 설명해보려 한다.

지금부터 다음 문제를 함께 풀어보도록 하자.

금융-인터넷 영역   이름 : 사토시 나카모토

문제

거래 내역을 안전하게 보관하고, 거래에 이상이 없도록 검증하는 시스템을 만드시오(단, 단일주체가 이 일을 해서는 안 됨).

태초에 장부가 생겼다

블록체인은 모두에게 장부를 나눠준다. 네트워크에 참여하는 모든 사람이 장부의 사본을 각자의 컴퓨터에 저장한다. 그래서 어떤 참여자가 데이터베이스를 손상시키거나 네트워크에서 나가더라도 전체 장부에는 이상이 없고, 누가 누구에게 돈을 보냈는지, 잔고는 얼마인지를 누구나 확인할 수 있다.

이 장부는 신규 거래가 일정량 쌓이면 자동으로 업데이트가 된다. 업데이트의 단위가 되는 거래 묶음을 '블록'이라고 한다. 장부는 계속 이전 블록들 다음에 한 블록씩 추가된다. 그래서 모든 사람은 항상 서로 같은 내용의 장부를 가지고 있다.

또한, 각 블록의 내용은 모두 '봉인'되어 있다. 블록에 담긴 거래 내용이 한 글자라도 바뀌면 '봉인'이 풀리게 된다. 봉인이 풀린 장부는 전체 네트워크에서 '진짜'로 인정해주지 않는다. 그 블록은 바로 네트워크에서 버려지고, 다른 사람의 장부와 동일하게 바뀐다.

게다가 이 봉인은 한 블록에만 해당되는 것이 아니라, 전 블록과 연결되어 있어서 앞 블록의 내용이 바뀌면 그 뒤에 연결된 블록은 모두 봉인이 풀린다. 그래서 이 장부는 한 번 기록된 후에는 변경이나 삭제가 불가능하다. 즉, '제대로 거래를 기록'하기만 하면 이 장부는 모든 사람이 믿을 수 있는 기준이 된다.

정리하자면, 모든 사람이 데이터 수정이 불가능한 같은 장부를 나누어 가지는데, 이 장부가 자동으로 업데이트되는 묶음인 '블록(Block)'이 '연결(Chain)'되어 있다는 의미에서 '블록체인(Blockchain)'이라고 부른다.

거래 내역을 검증하다

사람들이 장부를 믿고 거래하려면 장부에 기록하기 전에 확실하게 검증을 해야 한다. 이렇게 검증을 거친 데이터를 변경할 수 없는 장부에 영구 기록하는 것이 블록체인의 핵심이다.

검증 자체는 어렵지 않다. 기록을 분석하면 잘못된 거래는 쉽게 찾아낼 수 있다. 잔고가 10만 원밖에 없는데 20만 원을 보내려고 한다거나, 같은 돈을 두 명에게 보낸다거나 하는 거래들을 걸러내면 된다.

중요한 것은 '누가 검증할 것인가'이다. 이 주체는 반드시 정직해야 한다.

블록체인은 매 블록마다 일종의 '제비뽑기'를 해서 사람들이 돌아가면서 블록을 검증하도록 만든다. 단일 주체에게 권한을 주지 않기 위해서다.

하지만 여기에는 한 가지 문제가 있다. 랜덤으로 뽑으면 혹시라도 '나쁜 놈'이 뽑혀서 일부러 검증을 제대로 안 할 수도 있다는 것이다. 그래서 그러지 못하게 만들 안전장치가 필요하다.

블록체인의 안전장치는 2가지로 구성되어 있다.

첫째, 제비뽑기를 할 때 '비용'이 발생하도록 만든다.

제비뽑기 확률은 공평하게 배분하지 않는다. 제비뽑기를 할 때는 비용을 써야 한다. 돈을 많이 쓸수록 제비를 더 많이 뽑을 수 있다. 검증에 참여할 때 상당한 비용이 들게 해 나쁜 의도를 가진 참여자를 걸러내기 위함이다. 검증에 참여하려는 사람은 이 돈을 씀으로써 자신이 '신뢰할 만한 사람'이라는 것을 증명한다.

따라서 참여하는 비용은 '물 관리'를 위한 최소한의 필터링 장치다. 돈을 지불했으므로 보상을 극대화하려는 유인도 더 커지게 된다.

둘째, 당첨된 사람에게는 네트워크의 가치와 연동되는 보상을 준다.

당첨이 되면, 검증을 해준 대가로 네트워크는 보상을 지급한다. 단, 원화나 달러 같은 법정화폐가 아니라 비트코인 같은 암호화폐로 보상한다.

암호화폐의 특징은 가치가 변한다는 것이다. 암호화폐의 가치는 네트워크의 사용자가 많아질수록 커진다. 네트워크의 사용자가 많아지려면 네트워크가 신뢰성 있게 잘 운영되어야 한다. 그러므로 검증하는 사람이 보상의 가치를 극대화하려면 정직하게 검증해야 한다.

요약하자면, 검증하는 사람들은 정직하게 행동해야 이익을 본다. 그래서 네트워크의 다른 참여자들은 이 사람들을 믿고 검증을 맡긴다.

이런 원리로 블록체인은 단일 주체 없이 기록을 보관하고 검증할 수 있다.

이렇게 만들어진 블록체인에는 3가지 특성이 있다.

첫째, 장부의 내용은 수정되거나 지워지지 않는다.

둘째, 모든 사람이 이 장부의 사본을 가지고 있고, 언제든지 확인할 수 있다.

셋째, 기록하기 전에 여러 명의 '정직한' 사람들이 내용을 검증한다.

결론적으로 모든 사람이 이 장부에 적힌 거래 기록을 믿을 수 있게 된다. 동시에, 어떤 개인이나 기관도 이 장부를 마음대로 조작하거나 통제할 수 없다. 이 네트워크는 누구나 참여할 수 있고, 누구 한 명이 빠져도 아무런 문제가 없다.

이것이 바로 블록체인 기술의 핵심이다. 블록체인은 '탈중앙화된 신뢰'를 만드는 기술이다.

참고 /// 카톡과 엑셀로 암호화폐 만들어보기

다음 내용을 따라 하면 친구들끼리 암호화폐를 만들어볼 수 있다.

― 친구들끼리 단톡방을 하나 만든다.
― 서로 돈을 주고받은 기록을 단톡방에 올린다.
― 거래가 어느 정도 쌓이면 단톡방에서 제비뽑기를 한다.
― 당첨된 사람은 지금까지 모인 거래를 하나의 엑셀 파일로 만든다.
― 당첨된 사람이 이상한 거래가 없는지 확인한다. 친구들을 대표해서 확인을 하는 대가로 돈을 받는데, 제대로 확인을 해야 돈을 더 많이 주므로 꼼꼼히 체크한다.
― 검증이 끝나면 파일을 암호화한다. 사람들은 암호화된 파일의 내용을 확인할 수는 있지만, 수정할 수는 없다.
― 이 파일은 모두에게 공유된다. 사람들은 각자 자신의 컴퓨터에 이 파일을 저장해놓는다.

이제 암호화폐 시스템이 완성되었다. 내 친구 철수에게 이 새로운 화폐를 보내고 싶으면, 단톡방에 '철수한테 5만 원 보냄'이라고 올리면 된다. 그러면 잠시 뒤에 그 내용이 포함된 엑셀 파일이 폴더에 저장된다. 그리고 이 엑셀 파일을 확인하면 서로의 거래 내역을 확인할 수 있다.

그렇다면 이쯤에서 몇 가지 궁금증이 생길 것이다.

"도대체 제비뽑기는 어떻게 하는 거지?"

"장부를 봉인한다고 했는데, 어떻게?"

"검증한 사람이 정직할수록 이득을 보게 한다는데, 그건 어떻게 하는 거야?"

각각에 대해 알아보자.

검증할 사람은 어떻게 정할까?

검증할 사람을 뽑는 방법에도 여러 가지가 있지만, 가장 널리 알려진 것은 비트코인의 뽑기 시스템이다.

비트코인은 매 블록마다 '문제'를 내서 가장 빨리 푼 사람이 당첨된다. 예를 들면, 이런 식이다.

"해시 기계에 넣었을 때 '00'으로 시작하는 출력값이 나오게 하는 입력값은?"

여기서 해시 기계란 입력값을 넣으면 출력값을 내보내는 단순한 기계로, 출력값을 알아도 입력값을 알아낼 수 없다. 대신 입력값을 알면 출력값은 바로 확인할 수 있다.

해시 기계는 3가지 특징을 가지고 있다.

첫째, 입력값이 무엇이든 출력값의 형식은 정해져 있다.

예를 들어, 해시 기계에 어떤 입력값을 넣더라도 출력값은 항상 '5자리 숫자'라는 식으로 정해진 형식의 출력값이 나오는 것이다.

아래 예시는 설명을 위해 단순화한 것으로, 당연히 실제 출력값은 훨씬 복잡하다.

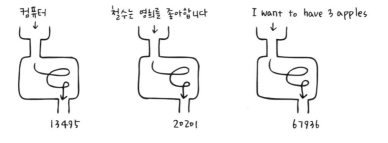

둘째, 입력값이 조금만 달라져도 전혀 다른 출력값이 나온다.

입력값의 발음이나 형태가 아무리 유사하더라도, 단 한

글자만 바뀌어도 출력값은 완전히 달라진다. 즉, 다음 예시처럼 입력값과 출력값 사이에는 아무런 규칙성이 없다.

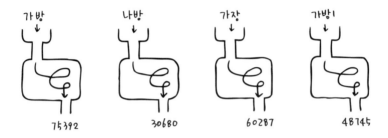

셋째, 같은 입력값에는 반드시 같은 출력값이 나온다.

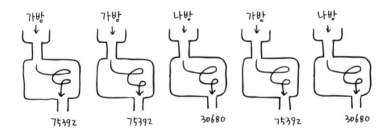

예시를 보면 '가방'이라는 입력값은 항상 '75392'라는 숫자를, '나방'이라는 입력값은 항상 '30680'이라는 숫자를 출력한다. 그래서 해시 기계를 사용하면 입력값을 통해 출력값을 바로 확인할 수 있다. 하지만 출력값을 안다고 해서 입력값을 알아낼 수는 없다.

다시 앞의 문제("해시 기계에 넣었을 때 '00'으로 시작하는 출력값이 나오게 하는 입력값은?")로 돌아가 보자. 해시 기계에 어떤 입력값을 넣어야 00으로 시작하는 출력값이 나오는지 알려면 직접 모든 단어를 넣어보는 수밖에 없다. 한마디로 '노가다'를 해야 한다. 출력값에 규칙성이 없기 때문에 언제 답을 찾을 수 있을지 알 수 없다. 비트코인은 이런 '노가다'를 통해서 검증할 사람을 뽑는다.

물론 이 문제는 사람이 아니라 컴퓨터가 풀게 되어 있다. 설명을 위해 단순화했지만, 실제 비트코인 프로그램이 내는 문제는 훨씬 어려워서 웬만한 컴퓨터로도 풀 수 없다. 그래서 이 문제를 풀려면 좋은 컴퓨터가 있어야 하고, 전기도 많이 써야 한다.

좋은 컴퓨터를 사고 전기를 많이 소모한다는 것은 '비용'이 들어간다는 뜻이다. 즉, 검증자가 되기 위해 '비용'을 지불할 수밖에 없는데, 이것이 바로 사토시의 노림수다.

이쯤에서 아마도 이런 의문을 가진 사람이 있을 것이다.

'그렇다면 수백 대의 컴퓨터로 순식간에 문제를 풀어버리면 되지 않을까? 그럼 전기도 얼마 안 쓰고 보상을 계속 받을 수 있을 수 있을 텐데……'

이런 상황을 방지하고자 비트코인 프로그램은 자동적으

로 문제 난이도를 조절한다. 문제를 푸는 데 투입되는 컴퓨팅 파워(계산 능력)에 비례해서 문제의 난이도가 계속 올라간다. 한 문제를 푸는 데 10분 내외가 걸리도록 자동적으로 난이도가 조정된다. 따라서 수백 대의 슈퍼컴퓨터를 돌리더라도 이에 비례해 비용이 발생한다.

이처럼 비트코인은 검증자가 신뢰할 만한 사람인지 테스트하기 위해 쓸데없지만 비용이 드는 작업을 시킨다. 그리고 검증자는 이 '작업(Work)'을 통해 신뢰를 '증명(Proof)'한다. 그래서 이를 '작업 증명(Proof of Work, PoW)'이라 한다.

장부를 봉인하는 방법

블록체인의 각 블록을 '봉인'할 때도 문제를 이용한다. 문제를 조금 더 실제에 가깝게 나타내면 다음과 같다.

'이 블록은 블록에 담긴 모든 거래 내역(A)과 앞 블록의 결과값(B), 그리고 봉인 코드(C)를 더해서 해시 기계에 넣었을 때 '00'으로 시작하는 결과값이 나와야 한다. 봉인 코드(C)는 무엇인가?'

비트코인은 A+B+C를 해시 기계에 넣어서 '00'으로 시작하는 결과값이 나와야만 이 블록을 진짜로 인정한다. A와 B는 이미 모두가 알고 있는 값이기 때문에, C값만 찾아내면 유효한 블록을 만들 수 있다. 그리고 앞서 말했던 작업 증명은 바로 이 봉인 코드(C)를 찾는 과정이다.

열심히 컴퓨터를 돌려서 누군가 C값을 찾아냈다고 하자. 모든 사람에게 C값을 알려준다. 사람들은 C값이 정말 봉인 코드가 맞는지 각자 자기가 가진 A, B 값을 더해 확인한다. 과반수가 C값이 봉인 코드가 맞음을 확인해주면, 이 사람은 블록을 생성할 권리를 얻는 동시에 이 C값으로 그 블록을 봉인하게 된다.

이제부터는 누구도 블록의 내용을 수정할 수가 없다. 누군가 거래 내역(A)을 바꾸게 되면 다음 블록에 들어갈 결과값(B)도 바뀌므로 사람들은 이 내역이 잘못되었음을 바로 알 수 있다.

즉, 정확히 말하면 내용을 바꾸는 것 자체가 불가능한 게 아니라, 내용을 바꾸는 순간 모든 참가자가 이 내용은 진짜가 아님을 알게 된다. 내용이 진짜가 아니라는 것을 알면 누구도 그것을 믿어주지 않을 테니, 내용의 조작이 사실상 불가능한 것이다. 이것이 거래 기록 봉인이다.

그렇다면 유효한 봉인 코드를 가진 블록체인이 2개 이상 생기면 어떻게 할까?

현재 50개의 블록이 쌓여 있는 블록체인이 있다고 하자. 그런데 해커가 45번째 블록의 거래 내역을 수정한 다음에 문제를 풀어 새로운 봉인 코드를 찾아내 새로운 블록을 만들어 낼 수도 있다. 이것을 45-1이라고 한다면, 45블록이나 45-1블록 둘 다 규칙을 만족시키므로 유효하게 인정될 것이다. 이 경우 어떤 것을 진본으로 해야 할까?

이런 상황에 대비하기 위해 비트코인 네트워크는 동시에 유효한 블록이 여러 개 생기면 '가장 긴 체인'만을 진본으로 인식한다.

하나의 블록은 뒤의 블록과 모두 연결되어 있다. 따라서 수정한 블록이 유효하게 인정되려면, '진짜' 블록을 풀고 있는 사람보다 훨씬 빠른 속도로 봉인 코드를 풀어야 한다.

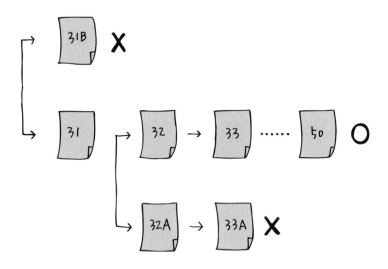

봉인 코드를 찾는 것은 '컴퓨팅 파워'에 비례한 랜덤이다. 비트코인은 '나쁜 놈은 항상 소수'라는 가정을 깔고 있다. 해커가 봉인 코드를 찾는 속도는 다수의 착한 사람들보다 항상 느릴 수밖에 없다. 그래서 해커가 다른 사람들보다 더 긴 체인을 만드는 것은 사실상 불가능하다.

일시적으로는 두 개의 유효한 블록이 생길 수 있다. 하지만 특정 체인이 진본으로 인식되는 순간 그 외의 버전은 무시된다. 따라서 문제를 푸는 참가자가 충분히 많을 경우 사후적으로 문제를 풀어 이미 쓰인 내용을 수정하는 것은 사실상 불가능하다.

공격자가 다른 모든 사람보다 더 컴퓨팅 파워가 큰 상황도 있을 수 있는데, 이를 '51% 공격'이라고 한다. 이는 뒤에서 다시 설명하겠다.

정직한 사람이 많이 번다

블록체인은 검증하는 사람이 정직하게 행동하도록 유도한다. 그러려면 네트워크의 사용자가 많아질수록 보상인 암호화폐의 가치가 올라가야 한다.

비트코인이 암호화폐의 가치를 네트워크의 사용자와 연동시키는 방법은 다음과 같다.

첫째, BTC 가격은 시장의 수요와 공급에 의해 결정된다.

BTC라는 화폐를 사용하려면 일단 BTC가 있어야 한다. 그러나 BTC는 그냥 얻을 수 있는 게 아니다. BTC를 얻는 방법은 검증에 참여해 보상을 받거나, BTC를 가진 사람에게서 사오는 2가지밖에 없다. 검증에 참여하는 것은 많은 컴퓨팅 파워가 있어야 하므로 논외로 친다면, BTC를 거래하는 시장이 생겨나는 게 당연하다.

둘째, 공급은 일정하게 고정되어 있다.

새롭게 발행되는 BTC가 화폐의 공급이다. 화폐를 '발행'한다는 말을 쓰기는 하지만, 실제로 BTC를 찍어내는 것은 아니다. BTC의 발행은 블록을 검증한 사람의 계좌에 정해진 양만큼의 BTC를 더해주는 것을 의미한다.

비트코인은 블록을 검증한 사람에게 보상으로 BTC를 준다. 보상은 사용자들로부터 받는 수수료 성격으로 무(無)에서 생겨나는데, 이때 생겨난 BTC가 화폐의 신규 공급이다. 따라서 블록이 생성될 때마다 화폐의 총량은 계속 늘어난다.

참고로 블록을 누가 생성했는지, BTC가 얼마나 발행되었는지, 누가 누구에게 돈을 보냈는지는 '블록체인인포(Blockchain.info)'라는 웹사이트에서 쉽게 볼 수 있다.

다음 그림은 블록체인인포에서 특정 블록의 거래 내역을 캡처한 것이다.

65da7236896383I9a3ed96b3dD79edB0461ed2fbC5d4	2018-02-21 07:47:21

투입물 없음(새로 생성된 동전) ⇨	1Hz96KJKF2HLPGY15S	12.68448585 BTC
	출력주소를 디코딩 할 수	0 BTC
	없습니다.	12.68448585 BTC

da67et9764d02ec 1da5ba7fc 62267c88aB1728304	2018-02-21 07:44:09

1KtKtf6nh8GyffCpnkwP3e2DGQ7 ⇨	3E5Fq1pouRshveUR2pnT	0.01 BTC
	15X1F3BxKUEY1cwSzBaf	0.07225038 BTC
		0.08225038 BTC

▲ 비트코인 블록 내역(출처: Blockchain.info)

위의 거래가 생성한 사람에게 주어지는 보상이다. 왼쪽을 보면 괄호 안에 '새로 생성된 동전'이라는 글 옆에 '투입물 없음'이라고 쓰여 있다.

아래의 거래는 왼쪽의 주소(1KtK~)가 오른쪽 위의 주소(3E5F~)로 0.01 BTC를, 오른쪽 아래의 주소(15X1~)에게 0.07225038BTC를 보냈다는 기록이다.

하지만 BTC의 증가량은 시간이 갈수록 점점 줄어들어 BTC의 신규 발행은 2040년에 0이 된다. 다시 말해 2040년에 BTC의 개수는 총 2100만 개가 되고 더 이상 늘어나지 않는다는 의미다.

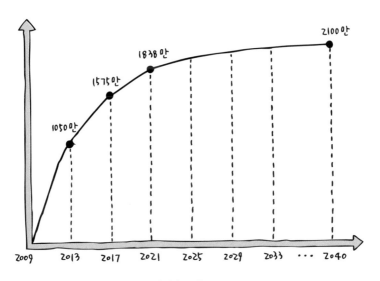

▲ BTC의 총 발행량 그래프(출처: bitcoinwiki)

이 규칙은 어떤 일이 있어도 바뀌지 않는다. BTC의 공급
은 어떠한 상황에서도 일정한데, 이것은 비트코인 네트워크의
모든 사람이 동의한 규칙이다.

셋째, 위의 조건들로 인해, 사용자가 늘어나면 BTC 화폐
가격은 상승한다.

당연한 이야기지만, 공급이 정해져 있는 상황에서 수요
가 많아지면 가격은 오른다. BTC 역시 필요로 하는 사람이 많
아질수록 가격이 올라간다. 그렇기에 BTC의 가치는 네트워크
의 사용자가 많아질수록 올라간다.

넷째, 검증하는 사람은 네트워크의 사용자를 늘리기 위

해 정직하게 행동한다.

이타적인 이유가 아니라 자신이 가진 BTC의 가치를 극대화하기 위해 검증자는 네트워크의 사용자들이 더 많아지도록 정직하게 행동하게 된다.

> **요 약 ¶** ─────────────────────────────────
>
> 1) 제비뽑기를 하는 방법: 랜덤한 숫자를 하나 찾도록 시킨다. 가장 빨리 숫자를 찾은 사람이 당첨!
> 2) 장부를 봉인하는 방법: 정해진 규칙의 봉인 코드가 있어야만 진본으로 인정해준다.
> 3) 정직한 사람이 많이 벌게 하는 방법: 검증할 때 보상을 주고, 그 보상의 가치를 네트워크의 가치와 연동시킨다.

3.
비트코인이
좋은 점

비트코인은 기존 화폐를 대체할 수 있을까?

여기까지 차분히 읽은 독자라면 이제 블록체인이 어떻게 돌아가는지, 비트코인이 어떻게 화폐가 될 수 있는지 이해했을 것이다. 그렇다면 보다 본질적이고 핵심적인 질문을 던져볼 차례다.

"비트코인(암호화폐)이 기존의 전자화폐(법정화폐)보다 나은 점은 무엇인가?"

"암호화폐는 전자화폐를 대체할 수 있을까?"

아주 간단하게 답하자면, 아직은 전자화폐를 대체하기에 무리가 있다.

화폐는 교환의 매개 수단이다. 즉, 진정한 화폐는 상품이나 서비스를 쉽게 구매할 수 있어야 한다. 하지만 아직까지 비트코인은 그 단계에 도달하지 못했다. 현재 비트코인으로 살 수 있는 상품이나 서비스는 드물다.

그럼에도 불구하고 언젠가는 비트코인이 기존의 화폐를 대체하여 글로벌 화폐로까지 쓰일 수 있다는 기대감 때문에 많은 사람이 주목하는 것이다.

그렇다면 비트코인이 '진짜' 화폐가 됐을 때의 장점은 무엇일까?

비트코인의 장점 1. 돈에 대한 자유

블록체인과 비트코인이 어째서 혁명이라는 말을 듣는지, 기존

화폐의 대안으로서 얼마나 큰 가치를 갖는지를 설명하기에 앞서 몇 가지 사례를 살펴보자.

에피소드 1

화폐를 찍어낼 수 있는 권력은 위기 상황에서 국가가 가장 먼저 사용하는 수단이다. 대표적으로 2008년 미국의 금융 위기를 들 수 있다. 당시 수많은 사람이 거리에 나와 시위를 했던 이유는 정부가 막대한 양의 돈을 찍어내 금융 위기의 주범인 은행들에 지원해주었기 때문이다.

상품과 서비스의 양은 동일한데 화폐의 양이 갑자기 늘어나면 화폐의 가치는 떨어진다. 정부가 돈을 찍어낸 만큼 원래 달러를 가지고 있던 각 개인들의 재산이 줄어든 것과 같으니 서민들이 분통을 터뜨린 것이다. 재산이 줄어든 것만으로도 화가 나고 억울한 판에, 그렇게 강제로 가져간 돈을 금융 위기의 주범을 살리는 데 쓴다니, 시위가 일어나는 게 어쩌면 당연한 일이었다.

"우리가 힘들게 번 돈을 뺏어서 금융위기를 일으킨 은행들에게 준다고? 나는 동의 못 해!"

하지만 사람들이 할 수 있는 것은 길거리에 나서서 시위를 하는 것뿐이었다. 여전히 상품과 서비스를 사기 위해서는 미국 정부가 통제하는 달러를 써야만 했다.

에피소드 2

2008년 금융 위기만큼 알려지지는 않았지만, 더 심각한 일도 있었다. 2013년, 터키 옆에 있는 작은 섬나라 키프로스는 심각한 재정난에 시달리고 있었다. 키프로스 정부는 재정 적자를 극복하기 위해 유럽 연합에 구제 금융을 요청했다. 그러자 유럽 연합은 구제 금융을 제공해주는 대신 이 상황에 대한 책임을 지고 키프로스 국민들도 고통을 분담해야 한다는 조건을 걸었다.

고통 분담이란, 은행들을 지원해주는 대신 그 은행들에 들어 있는 예금에 일괄적으로 세금을 매기겠다는 것이었다. 키프로스 정부는 10만 달러 이상 예금에 모두 48%의 엄청난 세금을 매겼다. 예금자 입장에서는 통장에 있는 돈이 순식간에 사라져버린 것이다.

극단적인 사례이긴 하지만, 중앙은행이 화폐를 통제하고 있는 나라에서는 이런 일이 가능하다. 결국 화폐란 은행이 통제하는 숫자에 불과하기 때문이다.

에피소드 3

위키리크스는 각국 정부나 기업의 기밀 정보를 공개하는 국제 비영리 기관으로, 미국 정부의 전방위 도청 및 사찰 의혹을 폭로해 파문을 일으킨 곳이다. 후원자들의 기부를 받아 유지되는데, 이들이 공개한 기밀 문건들이 연일 이슈가 되자 2010년 정부는 비자, 마스터카드, 페이팔 등 주요 결제 서비스 업체에 압력을 가해 위키리크스에 대한 기부를 차단해버렸다.

위키리크스에 대해서는 좋게 생각하는 사람도 있고 아닌 사람도 있지만, 이 조치에 대해 비난 여론이 거세게 일었다. 대부분의 사람들이 비영리 재단에 대한 기부는 개인의 자유이자 선택이라고 생각했기 때문이다. 그 후로 이 조치가 철회되긴 했지만, 마음에 들지 않는 조직에게 정부가 어떤 힘을 행사할 수 있는지를 잘 보여주었다.

여담이지만, 그때 위키리크스는 어쩔 수 없이 비트코인을 통해 기부를 받았는데, 지금은 그 비트코인의 가격이 500배 이상 뛰었다고 한다.

이처럼 비트코인의 핵심 가치는 효율성이나 편의성이 아니라 정치적이고 철학적이다.

우리는 국가에게 화폐의 관리를 맡기는 대신 그에 대한 권력도 맡겼다. 정부는 화폐를 통제할 수 있다. 그들은 내가 어떻게 돈을 주고받았는지 볼 수 있고, 때에 따라서는 내가 돈을 주고받지 못하게 막을 수도 있다.

이처럼 화폐를 통제한다는 것은 엄청난 힘이다. 정부가

이런 강력한 힘을 가지고 있는 것이 과연 옳은 일일까?

어쨌든 현재 돈을 주고받기 위해서는 반드시 정부가 통제하는 화폐를 써야만 한다. 다른 선택지가 없다.

'누구의 통제도 받지 않는 화폐'라는 아이디어를 현실화한 첫 번째 사례인 비트코인은 정부의 권력으로부터 자유로울 수 있는 선택지를 제공한다. 비트코인 네트워크 안에서 내돈은 오직 나만이 보낼 수 있고, 이는 누구도 막을 수 없다. 정부가 돈을 찍어내서 가치를 떨어뜨릴 수도 없다. '내가 소유한 돈에 대한 자유'야말로 비트코인의 핵심 가치다.

당연히 정부 입장에서는 자신들의 권력을 무너뜨릴 수도 있는 암호화폐가 눈엣가시일 수밖에 없다. 하지만 정부의 공권력을 사용해도 비트코인을 없앨 수는 없다. 비트코인은 중앙 주체가 없기 때문에, 특정 주체를 없애버리더라도 네트워크는 계속해서 운영된다. 모든 사람이 장부를 가지고 있으니 거래 기록도 여전히 남는다. 검증할 사람은 남은 사람 중에서 뽑으면 그만이다. 권력에 의한 셧다운(Shutdown)이 불가능한 구조다.

물론 정부가 거래소를 통제해 비트코인에 대한 접근을 막을 수는 있다. 이는 비트코인을 사고파는 거래소가 블록체인 기반이 아니기 때문인데, 뒤에서 더 자세히 알아보자.

비트코인의 장점 2. 누구에게나 열려 있다

기존의 화폐들과 달리 비트코인은 개인정보를 조회하거나 국적을 따지지 않는다. 인터넷에는 국경이 없으므로 비트코인의 이동은 국경의 구애도 받지 않는다. 바로 옆에 있는 사람에게 돈을 보낼 때나 지구 반대편에 있는 사람에게 보낼 때나 똑같다. 또한 사용자들이 원하는 만큼 계좌를 얼마든지 만들 수 있다.

비트코인의 개방성은 특히 금융 인프라가 갖춰지지 않은 지역에서 더욱 가치를 가진다. 전자화폐는 일단 은행 계좌가 있어야 사용 가능하다. 그런데 우리로서는 상상하기 힘들지만, 은행 계좌가 없는 나라도 적지 않다.

세계은행에 따르면, 금융 서비스를 받지 못하고 살아가는 사람의 수가 전 세계에 20억 명이 넘는다. 대부분 개발도상국의 시골 지역에 사는 사람들이다. 수익보다 비용이 크기 때문에 은행은 이들에게 계좌를 잘 열어주지 않는다. 결국 이들은 평생 저축 계좌나 신용카드 같은 금융 서비스의 혜택을 보지 못하고 살아간다.

비트코인은 사용자의 경제적 능력을 따지지 않는다. 비트코인이 활성화된다면, 인터넷은 있지만 은행 계좌는 없는 사람들이 송금이나 결제 서비스를 사용할 수 있게 된다.

실제로 인터넷 사용률이 은행 계좌 보유율보다 높은 나

라도 제법 있다. 필리핀의 경우 은행 계좌 수보다 페이스북 계정 수가 더 많다고 한다.

덧붙여, 인터넷 보급률은 은행 계좌 증가율보다 속도가 훨씬 빠르다. 비트코인을 통해 금융 서비스를 제공 받는 사람도 점점 많아질 것이라는 뜻이다.

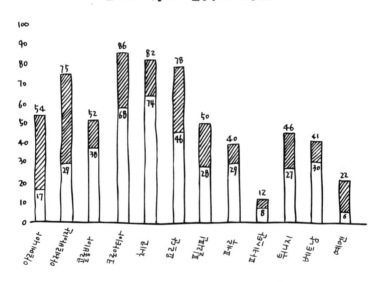

▲ 인터넷 사용률이 계좌 보유율보다 높은 나라들(출처 : 세계은행, 2015)

비트코인의 장점 3. 저렴한 수수료

금융 기관들은 거래를 중개하는 대가로 수수료를 받는다. 은행의 이체 수수료나 카드사의 결제 수수료가 그것이다. 하지만 비트코인은 특정 기업이 개입하지 않기 때문에 수수료를 받을 주체가 없다.

물론 비트코인 사용자들도 검증자에게 수수료를 지불한다. 하지만 비트코인의 수수료는 고정되어 있지 않다. 거래량이 몰릴 때는 수수료가 매우 높아지지만, 그 중위값은 0.7달러라고 한다(bitinfocharts.com). 일반적으로 카드사가 가맹점에게서 3~4% 정도의 수수료를 가져가는 것이나, 해외 송금을 할 때 5% 이상의 높은 수수료를 내야 하는 것과 비교하면 상당히 저렴한 편이다. 그러니 거래량이나 금액이 커질수록 비트코인을 이용하는 것이 더 유리할 것이다.

요 약 ¶

비트코인이 기존 화폐보다 좋은 점

1) 정부가 내 돈을 건드릴 수 없다. 비트코인 거래소를 통한 간접적인 접근 제한은 가능하나, 기존 화폐에 비하면 훨씬 높은 자율성이 보장된다.

2) 인터넷만 있으면 언제, 어디서나 쓸 수 있다. 저개발 국가에는

계좌는 없어도 스마트폰은 있는 사람이 많다. 비트코인을 사용하면 그들도 전 세계 사람들과 거래가 가능하다.

3) 수수료가 낮다. 은행의 이체 수수료나 카드사의 거래 수수료에 비하면 훨씬 저렴하다.

4.
비트코인이
안 좋은 점

아직 비트코인은 진정한 화폐가 아니다

주변에서 비트코인으로 인터넷 쇼핑을 하거나 커피를 사먹는 사람을 본 적이 있는가? 아마도 없을 것이다.

이처럼 상품이나 서비스의 구매 수단으로 쓰이지 못하기 때문에, 딱 잘라 말하면 비트코인은 아직 진정한 의미에서 화폐라고 보기 어렵다.

비트코인은 법으로 결제 수단이 보증되지도 않고, 카드 회사처럼 자기 회사 카드 받아달라고 영업을 하지도 않는다. 비트코인을 결제 수단으로 받느냐 마느냐는 각 점포의 자율적인 선택이다. 더구나 가게들이 지금 당장 비트코인을 받아주기에는 무리가 있다. 일단 비트코인을 사용하는 소비자가 적기도 하고, 받는다 해도 여러 가지 불편한 점이 있기 때문이다. 또한 사용자 입장에서도 비트코인을 결제 수단으로 쓰는 것은 여러 가지 단점이 있다.

지금부터는 비트코인의 한계를 살펴볼 것이다. 비트코인의 이러한 한계나 단점들은 앞으로 알아볼 모든 암호화폐가 가진 것들이기도 하다는 점을 염두에 두고 살펴보자.

비트코인의 단점 1. 가격 변동성

'00커피에서 이제 비트코인을 받습니다!'

어느 날 길에서 이런 광고 문구를 보았다.

"비트코인으로 커피를 마실 수 있다고?"

원래 커피를 살 생각은 아니었지만 신기한 마음에 한번 가보기로 한다. 사실 비트코인을 좀 가지고 있지만, 한 번도 써본 적은 없었다.

메뉴판에는 아메리카노 한 잔에 0.5BTC라고 적혀 있었다. 당시 비트코인의 시세를 보니 0.5BTC면 5천 원 정도였다. 조금 비싼 듯했지만 일단 한 잔 주문하기로 했다.

"아메리카노 한 잔 주세요."

카페 직원은 상냥하게 웃으며 주문을 확인했다.

"아메리카노 한 잔 맞으시죠? 0.7BTC입니다."

당황한 나는 따지듯 물었다.

"무슨 말이에요? 메뉴판에 0.5BTC라고 쓰여 있잖아요!"

직원은 어색하게 웃으며 답했다.

"아, 죄송합니다, 손님. 방금 비트코인 가격이 폭락해서요."

"……."

내 이야기처럼 썼지만, 사실 지어낸 이야기이다. 하지만 지금 당장 비트코인이 결제 수단으로 사용된다면 일어날 수 있는 일이기도 하다.

비트코인이 현재 결제 수단으로 널리 쓰이지 못하는 중요한 이유 중 하나가 바로 극심한 가격 변동성이다. 비트코인 가격은 하루에도 10% 이상 오르거나 떨어지기도 한다. 조금 과장하자면, 아침에 본 상품 가격이 저녁에는 두 배로 뛸 수도, 절반으로 떨어질 수도 있는 것이다.

'가치 척도'의 역할을 해야 하는 화폐는 가치가 일정해야 한다. 경제는 수요와 공급에 의해 돌아가고, 수요자와 공급자는 가격을 기준으로 의사결정을 한다. 화폐 가치가 계속, 그것도 심하게 바뀌면 시장 참여자들이 의사결정을 제대로 내릴 수가 없어 시장에는 혼란이 오게 된다. 그러니 하루에도 가치가 수직 상승하거나 하락하는 상황에서 비트코인은 아직 정상적인 지불 수단이 될 수 없다.

비트코인의 가격이 이토록 널뛰기를 하는 이유는 현재 사람들이 비트코인을 '돈'이 아니라 '투자 자산'으로 인식하고 있기 때문이다.

비트코인에 대한 수요는 비트코인을 실제 화폐로 사용하기 위한 '실수요'와 가격 차이를 통해 수익을 내려는 '투자 수요'로 나뉜다. 하지만 아직 전자화폐를 대체하기에 무리가 많기 때문에 투자 수요가 대부분이다. 즉, 비트코인을 사는 사람들은 쓰기 위해서가 아니라 팔기 위해서 비트코인을 산다. 그래서 비트코인의 가격이 그토록 오르락내리락하는 것이다.

투자자라면 당연히 미래 가치에 관심을 가질 수밖에 없다. 투자자들은 앞으로 비트코인의 가격이 어떻게 될지에 촉각을 곤두세운다.

여러 리스크로 인해 비트코인이 새로운 대안 화폐가 될 수 있을지를 확신할 수 없기 때문에 투자자들은 비트코인 관련 뉴스에 매우 민감하다. '일본이 비트코인을 화폐로 인정했다'거나 '비트코인 ETF를 미국 정부가 승인하지 않았다' 같은 호재 또는 악재에 특히 단기투자자들은 민감하게 반응해 비트코인을 마구 사고판다. 그러면 가격은 더 큰 폭으로 변동한다.

 휘밧놈
@hyva_hyva

아들: 아빠! 비트코인 하시던데 생일선물로 1 BTC만 주세요!

아빠: 뭐? 1570만원? 세상에, 1720만원은 큰 돈이란다. 대체 1690만원을 받아서 어디에 쓰려고 그러니??

10:53 PM - Dec 10, 2017

♡ 2,268 ⚬ 11K people are talking about this

비트코인의 단점 2. 속도와 시간당 처리량

직원이 갑자기 0.7BTC를 요구하자 어이가 없었지만, 어쩔 도리가 없으니 일단 결제하기로 했다(그렇다. 다시 앞의 카페 사례다).

"어디로 보내면 되죠?"

"네, 손님. 여기 이 주소로 보내주시면 됩니다."

카운터 밑에는 '1PreshX6QrHmsWbSs8pHpz6kLRcj9kdPy6'이라는 주소가 적혀 있었다. 앱을 실행시켜 한참 걸려 주소를 적고 전송을 눌렀다. 한데 그토록 고생해서 기껏 입력했건만, 비트코인 앱에는 '처리 중'이라는 문구가 사라질 기미조차 보이지 않는다.

"이거 아직 처리 중이라는데요?"

"아, 비트코인 송금은 최소 10분은 걸리거든요. 게다가 점심시간이라 거래 트래픽이 몰려서 아마 엄청 오래 걸릴 거예요. 한 30분 정도? 저쪽에 앉아서 기다리시겠어요?"

당장 비트코인을 화폐로 사용하려 한다면 커피 한 잔 사는 데 30분이 걸리는 이런 황당한 상황이 일어날 수도 있다. 비트코인의 두 번째 문제는 바로 '속도'와 '시간당 처리량'이다.

비트코인의 거래 체결 시간은 최소 10분이다. 즉, 내가 거래를 신청하고 10분이 넘게 지나야 거래가 실제로 이루어진다. 계좌 이체나 카드 결제가 몇 초 만에 처리되는 것과 비교하면 더욱 심각하게 느껴질 것이다.

이런 문제가 생겨나는 이유는 크게 두 가지다.

첫째, 비트코인 거래는 거래를 신청한 그 순간에 이루어지는 것이 아니라, 거래 기록이 블록에 담기고 그 블록이 블록체인에 연결되었을 때 비로소 확정(Confirm)된다.

앞에서 설명한 비트코인 거래의 체결 과정을 다시 한 번 생각해보자.

사용자가 비트코인 네트워크에 거래 내용을 전파한다. 검증하는 사람들은 그 거래 내용을 모아 하나의 블록으로 만든다. 그리고 정해진 문제를 푼다. 가장 먼저 푼 사람이 블록 생성 권한을 얻는다. 문제의 정답과 함께 거래가 담긴 블록이 블록체인에 연결된다.

비트코인의 기본 규칙 상, 비트코인 블록체인 1개가 생성되는 데 약 10분이 걸린다. 비트코인을 처음 설계한 사토시 나카모토는 10분에 하나씩 블록이 생성되도록 디자인했다. 비트코인이 한꺼번에 너무 많이 생성되지 않아야 보안성이 높아지기 때문이다. 앞서 설명했듯이 참여자의 컴퓨팅 파워가 높든 낮든 10분 정도가 걸려야만 풀 수 있도록 문제의 난이도가 조절되기 때문에 한 블록은 대략 10분에 하나씩 생성된다.

둘째, 비트코인의 시간당 거래 처리량이 제한되어 있다. 그래서 실제로 비트코인 거래 체결 시간은 10분보다 길어질 수 있다.

비트코인은 한 블록의 용량이 1MB로 제한되어 있다. 때문에 비트코인 네트워크가 한 번에 처리할 수 있는 거래량 또한 정해져 있다. 비트코인은 1초에 최대 6~7개의 거래밖에 처리하지 못한다. 그래서 짧은 시간에 많은 거래가 몰리면 병목 현상이 일어나, 거래 하나 체결하는 데 몇 시간이 걸리기도 한다. 유명 맛집인데 테이블은 적고 카운터가 하나밖에 없다면, 바쁜 시간대에는 몇 시간을 기다려야 겨우 음식이 나오는 것처럼 말이다.

현재 세계에서 가장 큰 신용카드 회사인 비자(Visa)는 1초당 평균 2,000여 개의 거래를 처리하고 있고, 최대 속도에서는 초당 12,000여 개를 처리한다. 이처럼 거래 속도와 처리량면에서 비트코인은 기존 화폐와 비교할 때 '경쟁자'라고 부를수도 없는 수준이다.

가뜩이나 바쁜 시대에 아무리 맛집이라도 갈 때마다 몇시간을 기다려야 한다면 찾는 사람이 점점 줄 것이다. 하물며거래 처리 하나에 몇 시간을 기다릴 사람이 있을까? 그것도지금껏 이용해오던 경쟁 상대는 단 몇 초 만에 거래를 끝낼 수있는데 말이다.

바로 이 점이 아직 비트코인을 글로벌 결제 수단으로 확장할 수 없는 가장 큰 이유이다. 이를 비트코인의 확장가능성(Scalability) 문제라고 한다.

확장가능성 문제는 비트코인과 관련된 가장 뜨거운 이슈중 하나로, 비트코인이 결제 수단으로 널리 사용되기 위해서반드시 넘어야 할 산이다.

사실 오래전부터 비트코인 커뮤니티는 이 문제를 해결하기 위해 다양한 해결책을 제시해왔고, 기술적으로 불가능한 부분도 아니다. 그러나 각 해결책은 장단점이 있고, 경제적 이해관계도 걸려 있기 때문에 어떤 해결책을 사용할지 합의가 되지않고 있다. 또한 이 해결책들이 적용된다 해도 현재의 속도에서 고작 4~8배 빨라지는 정도에 불과한데, 이는 현재 사용 중인 전자화폐의 거래 처리 속도에는 한참 못 미치는 수준이다. 당장 급하게 돈이 필요해 송금을 받아야 하는데 2시간쯤 걸린다면 그 화폐를 사용할 수 있겠는가?

비트코인의 단점 3. 일단 사용한 비트코인은 엎질러진 물과 같다

꼭 마시려던 것도 아닌데, 커피 한 잔 마시기가 정말 힘들다 (그렇다. 또 카페 이야기이다). 불과 10초 전에 봤던 메뉴판과 가격이 달라서 불쾌했고, 읽기도 힘든 주소를 하나하나 입력하느라 짜증이 났는데, 거래 체결까지 한참을 기다렸다.

30분쯤 지나 이제 슬슬 졸음도 쏟아지고, 그냥 가버릴까 하던 차에 드디어! 드디어 비트코인 거래가 체결되었다는 메시지가 떴다.

"어휴, 힘드네요. 결제했습니다. 커피 주세요."

직원에게는 아무 잘못이 없는 걸 알지만 슬슬 목소리에 짜증이 묻어났다. 한데 직원이 난처한 듯 웃으며 이렇게 말한다.

"저기요, 고객님. 죄송한데, 돈이 안 들어왔는데요?"

이건 또 무슨 소리란 말인가?

"뭐라고요?"

"여기 있는 이 주소로 보내신 거 맞나요? 다시 한 번 확인 부탁드려요."

보낸 주소와 카운터에 있는 주소를 확인해보니, 열여섯 번째의 철자 하나를 잘못 적었다. 커피 한 잔 먹자고 30분을 기다렸는데 뭐 이런 경우가 다 있단 말인가? 이제 커피고 뭐고 모르겠다. 또 30분을 기다릴 수는 없다.

"그럼 커피는 다음에 마실게요. 그냥 취소해주세요."

"고객님, 한 번 보낸 비트코인은 받은 사람이 아닌 이상 다시 돌려드릴 수가 없어요."

받은 사람이라면 내가 잘못 입력한 주소의 주인 아니겠는가?

"아니, 그럼 고객센터에 전화하면 되는 거 아니에요?"

"비트코인에는 고객센터 같은 거 없는데요."

그냥 예시일 뿐인데도 짜증이 나는 이런 상황이 비트코인 거래에서는 실제로 일어날 수 있다.

은행에서는 은행 계좌와 예치된 금액에 대해서 통제권을 가지고 있기 때문에 고객이 실수할 때를 대비해 여러 가지 서비스를 제공한다. 비밀번호를 잊어버리거나 잘못된 계좌에 실수로 돈을 보냈다면 은행이 개입해서 비밀번호를 리셋하거나 잘못 보낸 돈을 강제로 되돌릴 수 있다. 해킹을 당하거나 카드를 잃어버려도 분실신고만 하면 그 계좌에서 돈을 쓸 수 없도록 동결시켜 피해를 최소화한다. 비록 복잡한 신원 확인이나 서류 절차 등을 거쳐야 하지만, 그래도 이런 장치 덕분에 실수를 해도 큰 피해로 이어지는 경우는 적다.

하지만 비트코인에는 고객센터라는 게 아예 없다. 외부에 내 비밀번호가 저장되어 있지 않으니 내가 비트코인 계좌의 비밀번호를 잊어버려도 찾을 길이 없다. 비밀번호를 잊어버린 계좌에 들어 있는 비트코인은 영영 잠들어버린다.

내가 소유한 비트코인을 오직 '나만이' 통제할 수 있다는 것은 비트코인의 엄청난 장점이지만 때로는 단점이 된다. 누군가 나의 비밀번호를 도용해 돈을 보내거나 아니면 보낼 주소를 잘못 입력해서 생판 모르는 사람에게 돈이 전송되거나 하는 상황이 일어나도 방법이 없다. 일단 일어난 거래는 누구도 취소나 변경할 수 없기 때문이다.

비트코인의 단점 4. 비트코인은 해킹할 수 없어도 거래소는 해킹할 수 있다

암호화폐 관련 뉴스 중에는 어느 거래소가 해킹당해 수천억 원을 잃었다는 기사가 심심찮게 있다. 이런 일련의 사건들 때문에 암호화폐에 대한 부정적인 시각이 더욱 커지고 있다.

그런데 어떤 사람들은 "거래소는 해킹당할 수 있지만, 비트코인은 해킹당하지 않는다"는 말을 하기도 한다. 그게 무슨 뜻일까?

군대에서 부대 간 연락할 때 사용하는 암호통신 장비를 예로 들어 설명해보자. 군대는 보안이 생명이다 보니, 비교적 감청이나 추적을 당하기 쉬운 휴대전화로 보안 사항을 주고받을 수는 없기에 암호통신 장비를 사용한다. 그런데 이 암호통신 장비는 사용 방법이 매우 복잡해, 이를 전문으로 다루는 통신병이 필요하다. 통신병은 항상 장비 앞에 대기하면서 메시지를 전달하는 역할을 한다. 문제는 부대 간의 전달사항이 아닌, 이 통신병에게 메시지를 전달할 때다.

실제로 소대장이 통신병에게 휴대전화로 전화를 해 "옆 소대에 훈련 시작한다고 전달해"라고 말하는, 이런 상황이 흔히 발생한다. 그럼 통신병은 이 메시지를 통신장비로 옆 소대에 전달하는 것이다.

여기서 비트코인이 통신장비, 거래소가 통신병이라고 해보자. 통신장비는 문제없이 작동하지만, 소대장이 휴대전화로 연락할 때 얼마든지 유출될 위험이 있다. 즉, "거래소는 해킹당할 수 있지만, 비트코인은 해킹당하지 않는다"라는 말은, 뒤집어 생각해보면 "비트코인은 해킹당하지 않지만, 거래소는 해킹당할 수 있다"는 말도 된다.

참고 /// 거래소의 필요성과 위험성

비트코인 소프트웨어는 오직 비트코인만을 주고받을 수 있게 설계되어 있다. 외부의 화폐와 비트코인을 교환하는 기능은 없다. 그래서 비트코인을 법정통화로 사거나 팔기 위해 암호화폐 거래소가 필요하다. 이러한 거래소는 비트코인을 사고 싶은 사람과 비트코인을 팔고 싶은 사람 사이에서 거래를 중개하고 수수료를 받는다.

거래소는 블록체인 기반이 아닌 중앙집중식 서버 기반이다. 이 편이 훨씬 효율적이고 편리하기 때문이다(블록체인 기반의 암호화폐 거래소가 없는 것은 아니지만, 이런 거래소들은 법정화폐를 받아주지 않고, 거래량이 낮으며, UI가 불편해 아직은 잘 사용되지 않고 있다). 하지만 중앙집중식 서버를 사용하면 해킹의 위험이 있다. 더구나 거래소는 출금을 원하는 고객들에 대비해 항상 상당한 양의 암호화폐를 자체 서버에 저장하고 있어 해킹의 대상이 되기에 딱 좋다. 그리고 해킹될 경우 비트코인 계좌 정보(비밀키)가 유출될 수 있다.

또한 거래소는 사설 기업이 운영한다. 최근에는 보안 기준이 많이 강화됐지만, 지갑과 거래소를 운영하는 기업은 어쨌든 금융 기관으로 취급받지 않기 때문에 보안 수준이 은행에는 미치지 못한다. 물론 거래소들은 점점 보안을 강화할 것이고, 정부의 규제 또한 계속 강화되겠지만, 보안이란 언제나, 절대로 완벽할 수는 없는 법이다.

참고 /// 암호화폐를 해킹당하지 않으려면?

핫 월렛과 콜드 월렛

암호화폐를 사용할 때는 암호화폐의 보관과 송금 기능을 제공하는 인터페이스가 필요하다. 사용자들이 블록체인에 직접 거래를 요청하는 것은 복잡하기 때문이다. 이것을 '지갑(Wallet)'이라고 한다. 지갑 어플리케이션에는 다양한 형태가 있다.

대부분의 거래소에서 제공하는 웹 형태의 지갑은 편리한 대신 인터넷에 항상 연결되어 있어 해킹의 위험이 있다. 이처럼 인터넷에 연결되어 있는 지갑을 '핫 월렛', 인터넷에 연결되어 있지 않고 디바이스에 따로 저장하는 하드웨어 지갑을 '콜드 월렛'이라고 한다.

하드웨어 지갑이란 비트코인을 보관하고 거래하는 데 특화된 소형 컴퓨터라고 보면 된다. 크기는 USB 메모리와 비슷하다. 하드웨어 지갑 안에 개인키를 넣어두고 거래가 성사됐는지를 확인한 다음 거래 내역만 컴퓨터에 전달한다. 이 과정에서 개인의 비밀키는 컴퓨터에 전달되지 않기 때문에 한층 안전하다. 거래를 자주 하지 않지만 안전하게 보관하고 싶다면 콜드 월렛을 사용하도록 하자.

비트코인의 단점 5. 완벽한 익명성을 보장하지 않는다

법정화폐의 경우 휴대전화 번호나 주민등록번호만 알면 기관에서 얼마든지 내 금융 기록을 조회하고 추적할 수 있다. 반면 비트코인은 실소유주와 관련이 없는 익명의 주소를 사용해 거래를 한다. 그래서 법정화폐를 사용할 때보다 훨씬 더 프라이버시가 보호된다.

하지만 이는 '이론적으로' 그렇다는 것일 뿐, 실제로 참여자들의 프라이버시가 완벽하게 보장되지는 않는다. 비트코인 주소와 신원을 연결시킬 수 있는 방법이 여러 가지 있다. 사용자들이 웹 페이지를 사용할 때 남기는 쿠키 기록 등을 추적할 수도 있고, 거래 신청을 발송한 IP 주소를 알아낼 수도 있으며, 거래소나 지갑 프로그램의 개인정보가 유출될 수도 있다.

또한 거래 내역이 투명하게 공개되어 있기 때문에, 실소유주와 비트코인 주소의 연결고리가 한 번이라도 밝혀지는 순간 모든 거래의 흐름도 추적 가능하다.

뿐만 아니라 내부에서는 비트코인 거래를 통제할 수 없지만, 거래소에서는 가능하다. 비트코인을 법정통화나 다른 암호화폐로 환전하려면 거래소를 반드시 거쳐야 하는데, 거래소에서는 특정 주소를 블랙리스트에 올려 그 주소를 거친 돈은 현금화할 수 없도록 막을 수 있는 것이다.

2013년, FBI는 거래 내역을 추적해 비트코인을 기반으로 마약을 거래하던 실크로드라는 웹사이트 운영자를 체포했다. 비트코인이 익명성을 보장하지 않는다는 것을 잘 보여준 사건이다. 심지어 블록체인 내 거래 내역을 분석해 수상한 거래 흐름을 찾아내는 분석 서비스를 전문적으로 제공하는 회사들도 있을 정도다.

비트코인의 단점 6. 느린 업데이트

비트코인은 최초의 암호화폐. 그렇기에 문제가 많을 수밖에 없다. 비트코인의 기술 수준을 컴퓨터 운영체제에 비교한다면, 과거 PC 붐을 일으켰던 윈도우95 정도라 볼 수 있을 것이다. 지금 기준에서 본다면 윈도우95는 수많은 단점이 있을 수밖에 없다. 하지만 윈도우 같은 소프트웨어는 빠른 업데이트가 가능하다. 윈도우95는 지속적인 업데이트를 통해서 현재의 윈도우10까지 발전했다.

비트코인도 앞으로 끊임없이 업데이트를 해야 한다. 속도도 더 높여야 하고, 더 많은 편의 기능들을 갖출 필요가 있다. 아직 초기 단계이므로, 비트코인의 문제점보다는 앞으로 어떻게 진화해 나갈지가 더 중요하다 할 수 있다.

하지만 비트코인은 윈도우에 비해 업데이트하기가 훨씬 어렵다. 더 정확히는 업데이트 자체가 아니라 모든 사람이 업데이트를 하도록 설득하기가 어렵다.

비트코인은 윈도우처럼 각 PC에서 독립적으로 돌아가는 소프트웨어가 아니라 여러 컴퓨터들이 연결된 네트워크다. 이 네트워크의 참여자들은 각자 소프트웨어를 다운받아 컴퓨터에서 실행시킨다. 소프트웨어는 '프로토콜'이라는 합의된 규칙을 기반으로 네트워크를 형성한다.

프로토콜은 쉽게 말해 우리가 쓰는 '언어'와 비슷하다. 한국 사람이 '한국어 문법'이라는 정해진 규칙에 따라서 서로 의사소통을 하는 것과 같다.

그런데 어느 날 갑자기 이 '언어'를 바꿔야 한다고 생각해보자. 어떤 이유에서든 어순을 '나는 너를 사랑해'에서 '나는 사랑해 너를'로 바꾸려고 한다. 언어학자들이 그렇게 결정했다고 해서 갑자기 한국어의 어순이 그렇게 바뀔 수 있을까?

언어는 어떤 특정 주체나 기관이 아닌, 언어를 사용하는 모든 사람이 그 규칙을 따르는지에 따라 결정된다. 그래서 새로운 규칙이 생겨도 그것이 바로 언어가 되지는 않는다. 대다수의 사람이 그 규칙을 받아들이고 자연스럽게 쓸 때 비로소 언어가 된다.

비트코인의 프로토콜도 마찬가지다. 비트코인에는 어떤 버전이 '맞다'라 인정하고 결정을 내릴 관리자가 없다.

비트코인에는 총 세 그룹의 이해관계자가 있다. 프로토콜을 만들어내는 개발자가 있고, 블록 생성을 담당하는 검증자가 있으며, 비트코인을 사용하는 사용자가 있다. 그리고 새로운 비트코인 프로토콜의 도입은 사용자와 검증자들의 '투표'로 결정된다.

개발자   검증자   사용자

소프트웨어 개발   거래 검증   거래 생성

비트코인 네트워크에 참가하는 사람들이 어떤 버전의 소프트웨어를 설치하는가, 정확히 말하면 어떤 프로토콜을 따르는 소프트웨어를 선택하느냐에 따라서 특정 프로토콜의 도입이 결정된다. 각 사용자들은 소프트웨어를 업데이트함으로써 특정 프로토콜에 대해서 투표를 하게 된다.

검증자도 마찬가지다. 어떤 프로토콜을 기준으로 검증을 하느냐가 투표를 의미한다. 이렇게 눈에 보이지 않는 투표 과정을 통해 가장 많은 사람이 받아들인 프로토콜이 '진짜 프로토콜'이 된다.

그러므로 프로토콜을 업데이트한다는 것은 전 세계 모든 비트코인 참여자들이 그 프로토콜을 따르기로 동의하고 그에 맞는 소프트웨어를 설치한다는 말이다. 개발자가 새로운 프로토콜을 적용하려면 모든 참여자에게 이 프로토콜로 바꿔야 하는 이유를 설득시켜야 한다.

만약 충분한 합의가 없는 상태에서 프로토콜을 바꿔버린다면 비트코인의 네트워크는 둘로 쪼개질 것이다. 바뀐 규칙을 따르는 집단과 따르지 않는 집단은 더 이상 같은 네트워크로 연결되지 못하기 때문이다. 사용자가 많을수록 가치가 올라가는 암호화폐의 특성상 이는 사용자들도 바라지 않는 일일 것이다.

참고 /// 하드포크와 소프트포크

어떤 변화냐에 따라 변화를 적용하고도 여전히 의사소통이 가능할 수도 있다. 실생활에서 언어의 규칙이 달라도 서로 의사소통이 가능한 경우가 있는 것처럼 말이다.

예를 들어 10대들이 '명작'을 '띵작'이라 쓴다고 해도 그 규칙을 모르는 50대와 여전히 의사소통이 가능하다. 하지만 어순을 바꾸는 정도의 큰 변화라면 의사소통이 어려워질 것이다.

적용했을 때 의사소통이 불가능해져서 네트워크가 쪼개질 수밖에 없는 변화를 '하드포크', 그렇지 않은 변화를 '소프트포크'라 한다.

이처럼 비트코인을 업데이트하는 것은 어렵다. 이는 기술적인 문제라기보다는 정치적인 문제다. 업데이트를 할 때마다 전체 사용자 투표를 해야 하기 때문이다. 그리고 모든 네트워크 참여자들이 각자의 이해관계에 따라 결정을 내리는 상황에서 모두의 동의를 얻어내기란 결코 쉬운 일이 아니다.

비트코인에는 업데이트 속도를 높이는 데 적절한 의사결

정 시스템이 없다. 비트코인의 탈중앙화, 민주적 특성을 해치지 않으면서 의사결정 속도를 높일 시스템이 필요하다. 비트코인의 이러한 단점을 해결하기 위해 대표자를 뽑아 결정권을 주는 암호화폐도 생겨났다.

비트코인의 단점 7. 지나친 에너지 소모

비트코인은 물리적 실체가 없는 디지털 데이터이고, 관리 권한자 없이 소프트웨어에 의해 운영되는 네트워크이다. 하지만 비트코인을 발행하고 유지하는 데 비용이 전혀 발생하지 않는 것은 아니다.

앞서 설명한 것처럼 비트코인 블록을 생성하려면 복잡한 문제를 풀어야 하는데, 이 과정을 채굴(Mining)이라고 한다. 즉, 지금까지 '검증자'라 칭한 사람은 곧 '채굴자'를 의미한다. 다만 '채굴'이라는 용어가 혼동을 줄 수 있어 미리 사용하지 않았던 것뿐이다.

그런데 채굴에는 컴퓨터 장비와 전기 에너지가 필요하다. 이것들이 비트코인을 유지하는 비용이라 할 수 있다.

채굴로 수익을 얻기 위해서는 컴퓨터의 연산 능력이 좋아야 한다. 남들보다 먼저 문제를 풀지 않으면 내가 투입한 시간이나 노력과 상관없이 보상을 받지 못하기 때문이다. 물론 해시 문제의 답은 완전히 랜덤이니 연산 능력이 약해도 운으로 문제를 풀 가능성은 있다. 하지만 1초에 1,000개의 답을 넣어보는 사람과 1개밖에 넣어보지 못하는 사람이 있다면 전자가 문제를 풀 가능성이 높다는 것은 자명하다.

컴퓨팅 파워 경쟁은 채굴자의 컴퓨터 업그레이드로 이어진다. 처음에는 일반 컴퓨터로도 채굴해 돈 버는 것이 가능했지만, 시간이 지나고 사람들이 더 좋은 컴퓨터를 채굴에 사용하기 시작했다. 채굴 난이도가 올라가자 사람들은 더 빠른 그래픽카드를 사용해 채굴하기 시작했다. 한때 그래픽카드 품귀 현상을 빚었을 정도였다.

난이도가 계속해서 올라가자 이제는 ASIC이라는 장비가 등장했다. ASIC이란 비트코인 채굴을 위해 특화된 컴퓨터라 할 수 있다. 사실 컴퓨터라고 하기는 좀 미진한 게, ASIC이 할 수 있는 것은 오로지 비트코인의 해시 문제를 푸는 것뿐이다. 다른 용도로는 사용할 수 없지만, 대신 어마어마하게 빠른 속도로 문제를 푼다.

채굴자들이 ASIC으로 채굴하기 시작하자 문제의 난이도가 더 빠르게 올라갔다. 그러자 장비를 업그레이드하지 못한 채굴자들은 줄어든 수익을 감당하지 못하고 떨어져나갔다. 한 대에 수백만 원에서 수천만 원을 호가하는 ASIC이 없으면 더 이상 채굴을 할 수 없게 된 것이다.

살아남은 채굴자들도 경쟁에서 이기기 위해 또다시 더 좋은 장비를 사야 한다.

이런 식으로 비트코인 채굴에 투입되는 자본은 기하급수적으로 증가해왔다. 암호화폐 사이트 디지코노믹스(Digiconomics)에 따르면, 현재 비트코인 채굴에 투입되는 컴퓨터들이 1초에 계산하는 해시의 총량은 100경(1경은 1조의 1만 배로, 0이 16개 붙는다)이라고 한다. 상상조차 어려운 양이니, 얼마나 많은 비용이 발생하겠는가?

컴퓨팅 파워의 경쟁은 어떤 면에서는 의도한 것이다. 투입되는 컴퓨팅 파워가 커질수록 비트코인 블록체인을 해킹하기가 더 어려워지고, 점점 더 보안이 강해진다. 그러나 이 정도의 컴퓨팅 파워를 만들어내기 위해서는 어마어마한 양의 전기가 필요하다.

2018년 4월 현재, 비트코인 네트워크가 쓰고 있는 전기량은 미국 기준 약 550만 가구가 쓰는 전기의 양과 같다. 이는 스위스의 전체 전기 소비량과 비슷한 수준으로, 점점 더 사용량이 늘고 있는 실정이다. 반면 비트코인이 처리하는 거래량은 전체 경제 규모의 1%도 되지 않는다. 그러니 비트코인이 전 세계적으로 쓰이게 된다면 소모되는 에너지의 양은 상상조차 불가능할 것이다. 그래서 비트코인은 환경적으로 지속 가능하지 않은 기술이라는 비판을 받는다.

비트코인의 단점 8. 중앙집중화

여러분이 큰맘 먹고 ASIC 장비를 구해 채굴을 시작한다고 해 보자. 아마 이 장비가 가진 컴퓨팅 파워는 비트코인에 투입되는 전체 컴퓨팅 파워의 천만 분의 1쯤 될 것이다. 그 말은 가장 먼저 문제를 풀고 보상으로 비트코인을 받을 확률도 천만 분의 1이라는 뜻이다.

10분에 한 번씩 문제가 나오니 1년 내내 돌려도 보상을 얻을 확률이 50만 분의 1밖에 안 된다. 전기료와 기계 값만 나갈 뿐, 보상을 받기란 요원하다. 그래서 개인 채굴자는 점점 살아남지 못하고 사라져가고 있다.

대신 수만 대의 장비를 보유한 거대 채굴 회사가 등장했다. 채굴은 규모의 경제에 따른다. 즉, 규모가 클수록 원가가 줄어든다. 장비를 대량으로 구입해 전기료가 가장 싼 지역에서 채굴하기 때문에 개인이 원가 경쟁력에서 이길 수가 없다. 이들은 어마어마한 컴퓨팅 파워를 투입해 하루에도 몇 번씩 보상을 받아낸다.

그 결과, 비트코인 채굴은 최근 몇 년 사이 대형 채굴 회사 중심으로 완전히 정리되었다. 특히 전기료가 싼 중국에서 거대 채굴 회사들이 집중적으로 생겨나, 현재 비트코인 채굴의 대부분은 중국계 채굴 회사가 점유하고 있다. 실제로 비트코인에 투입되는 컴퓨팅 파워 중 77%를 상위 6개의 풀(pool)이 보유하고 있다. 거래 기록을 은행이 독점적으로 검증하는 것이 싫어서 이 복잡한 시스템을 설계했는데, 결국은 몇몇 채굴 기업이 거의 모든 블록을 생성하고 있는 것이다. 이는 탈중앙화라는 비트코인의 목표와 상충한다.

다음 그림은 비트코인 네트워크에 투입된 전체 컴퓨팅 파워 중 대형 채굴 회사가 차지하는 비중을 나타낸 것이다.

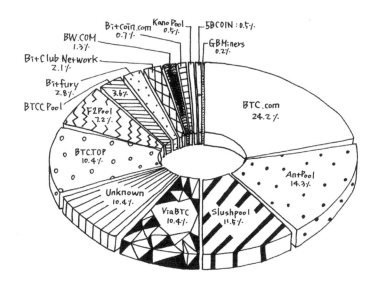

채굴 회사들의 독과점으로 인한 가장 큰 문제는 거래 내역을 조작할 수 있다는 것이다. 채굴 회사들이 서로 담합해 전

체 컴퓨팅 파워의 과반수를 확보하면, 비트코인 블록체인에서 일어난 거래를 되돌리는 등의 조작이 가능하다. 예를 들어 전체 검증자가 30명인데 그중 16명이 한 회사에서 고용한 사람이라면 어떻게 될까? 이 경우 잘못된 거래라 해도 그 회사가 그냥 인증해주는 것만으로도 과반수가 동의하는 게 되므로, 비트코인 네트워크는 그 블록을 진짜로 인정한다. 그렇게 되면 나머지 14명은 다른 사람들이 담합했음을 눈치채고 네트워크에서 이탈할 것이고, 네트워크는 신뢰를 잃고 무너진다. 이것을 '51% 공격'이라고 한다.

물론 채굴자들이 실제로 '51% 공격'을 시도할 가능성은 낮다. 기껏 비트코인으로 돈을 벌려고 채굴해놓고 비트코인 블록체인을 공격하게 되면 그날로 비트코인의 가치는 0이 될 테니 말이다.

하지만 '51% 공격'은 단순히 가능성뿐이라 해도 심각한 문제일 수 있다. 비트코인은 '누구도 블록체인 위에 잘못된 거래를 쓰거나 위조할 수 없다'라는 전제하에 돌아가는 화폐로, 이 전제에 대한 신뢰가 있어야 비로소 화폐가 될 수 있기 때문이다.

또한 채굴자가 중앙집중화되면 이들의 의사결정권도 더 강해진다. 1개의 채굴 회사가 결정하는 것만으로도 수천, 수만 개의 노드가 그 결정을 따르기 때문이다. 쉽게 말해, 선거에서 수천, 수만 개의 투표권을 가진 사람이 있는 것과 같다. 이 또한 '특정 주체가 네트워크를 통제할 수 없다'는 비트코인의 초기 정신에 위배된다.

비트코인이 글로벌한 화폐로 쓰일 경우, 수익을 최우선으로 하는 몇몇 회사가 화폐 시스템의 규칙에 대한 결정권을 쥐고 있다면 얼마나 위험하겠는가? 만약 그런 상황이 벌어진다면 각국의 정부는 무슨 수를 써서라도 비트코인의 도입을 막을 것이다.

채굴의 중앙집중화는 비트코인이 진정한 화폐가 되기 위해 반드시 극복해야 할 문제다.

요약 ¶

비트코인의 단점

1) 가격이 너무 빨리 바뀐다.

2) 아직까지 속도가 너무 느리다. 결제 후 최소 10분, 길게는 몇 시간이 걸린다.

3) 결제 후 취소가 불가능하고, 비밀번호를 잊어버리면 돈을 되찾을 수 없으며, 주소를 외우기 어렵다는 등의 사소한 불편함이 있다.

4) 비트코인을 쓰려면 반드시 거쳐야 하는 거래소나 지갑은 해킹 위험이 있다.

5) 프라이버시가 완벽하게 보장되지 않는다.

6) 비트코인에는 운영 주체가 없어서 업데이트가 어렵다.

7) 에너지가 지나치게 많이 든다. 단순히 채굴자를 뽑는 데 웬만한 나라 하나의 전력 소모량을 사용하기도 한다.

8) 소수의 채굴자들에게 비트코인 내부의 권력이 집중되어 있다.

5. 비트코인의 경쟁자들

비트코인의 왕좌를 위협하는 암호화폐들

어떤 일이든 성공을 거두면 경쟁자가 생겨나게 마련이다. 그리고 경쟁자들은 대체로 기존에 제공되던 제화나 서비스의 장점을 더욱 극대화하거나 단점을 보완하는 식으로 차별화를 꾀한다.

비트코인과 블록체인 역시 그 혁명적인 개념과 성공으로 인해 많은 경쟁자가 생겨났다. 이러한 비트코인의 경쟁자들 또한 비트코인의 장점을 극대화하거나 단점을 보완해 경쟁력을 확보하려 한다. 이런 블록체인들을 비트코인(bitcoin)의 대안(alternative)으로 나왔다고 해서 알트코인(altcoin)이라고 부르기도 한다.

사실 암호화폐를 새로 '만드는 것' 자체는 매우 쉽다. 블록체인은 결국 소프트웨어이고, 소스 코드가 모두 공개되어 있으며, 쉽게 복사가 가능하다. 그래서 프로그래밍만 할 줄 알면 비트코인을 비롯한 암호화폐의 코드를 가져와 새로운 암호화폐를 만들 수 있다.

현재 비트코인은 암호화폐 내에서 압도적인 네트워크 크기를 자랑한다. 전체 암호화폐 거래량의 3분의 1 이상이 비트코인으로 이루어진다. 이런 상황에서는 비트코인보다 압도적으로 유용하거나 완전히 차별화되는 장점이 없으면 새로운 암호화폐를 만드는 의미가 없다.

그래서 암호화폐의 춘추전국시대를 관전할 때 우리가 가장 먼저 봐야 할 것은 '비트코인과 어떤 점이 차별화되는가?' 또는 '비트코인이 주지 못하는 가치를 제공하는가?'이다.

허나 후발주자들이 과연 비트코인의 네트워크 효과를 앞지를 수 있을까? 최소한 아직까지는 아무도 비트코인의 아성을 넘지 못했다. 물론 비트코인도 화폐 시스템이 되지 못했기 때문에 아직 경쟁이 끝난 것은 아니다.

이제 비트코인과의 차이점을 중심으로 알트코인들을 살펴볼 차례다.

라이트코인(Litecoin)

라이트코인은 비트코인의 최대 단점 중 하나인 거래 시간, 그 중에서도 블록 생성 시간을 단축시키는 것을 차별화 요소로 내세운다.

비트코인은 10분에 한 번씩 블록을 생성하기 때문에 비트코인으로 거래하려면 거래가 확정될 때까지 최소 10분을 기다려야 한다.

이런 문제를 해결하기 위해 라이트코인이 내놓은 해결책은 바로 '문제의 난이도를 낮춘다'는 것이다. 라이트코인은 문제 알고리즘을 바꿔 한 번 문제를 푸는 데 2분 30초가 걸리도록 설계를 바꿨다. 따라서 라이트코인을 누군가에게 보내려 한다면 2분 30초 만에 거래가 확정된다. 이는 최소 10분이 소요되는 비트코인의 25% 수준이다. 즉, 비트코인이 보안성과 신뢰성이 강점이라면 라이트코인은 속도가 강점이다(주요 암호화폐의 거래 처리 시간은 bitinfocharts.com에서 확인할 수 있다). 게다가 비트코인은 거래가 몰리는 구간에서 대기 시간이 길어지는 반면 라이트코인은 일정하게 2.5분 내외를 유지한다. 현재는 교통 정체가 없다는 뜻이다.

독자 여러분이 이 책을 읽고 있을 무렵에는 달라졌을 수도 있지만, 내가 책을 쓰고 있는 시점에서 라이트코인은 시가

총액 6위로, 가장 신뢰받는 암호화폐 중 하나로 자리 잡고 있다. 하지만 라이트코인의 가치가 높은 이유를 단지 '속도' 때문이라고 볼 수는 없다. 사실 라이트코인만큼 빠른 화폐는 많기 때문이다.

라이트코인은 비트코인과 크게 다르지 않기 때문에 사람들이 이해하기가 상대적으로 쉽다. '더 가볍고 빠른 비트코인'이라고 생각하면 된다. 2011년부터 오랜 시간 사고 없이 유지되어 온 암호화폐라는 장점도 있다. 이런 이유로 라이트코인은 높은 인지도와 신뢰도를 계속 유지하고 있다. 그리고 암호화폐 시장에서 이러한 신뢰도는 곧 기업 가치이자 시가 총액으로 이어진다.

그러나 비트코인보다 빠르다고 해서 충분히 빠른 것은 아니다. 라이트코인도 화폐로 쓰이기에는 결코 빠르지 않다. 순식간에 이루어지는 카드 결제나 계좌이체에 비하면 2분 30초는 경쟁상대조차 되지 못할 정도로 느린 것이다. 비트코인의 최대 초당 거래량은 7tps, 라이트코인은 28tps다. 전 세계에서 가장 많이 쓰이는 결제 수단 중 하나인 비자(Visa)는 무려 12,000tps다. 기존의 화폐를 대체하기에는 갈 길이 멀다는 의미다.

비트코인 캐시(Bitcoin Cash)

비트코인은 1초에 최대 7개의 거래밖에 처리하지 못해 거래량의 증가를 거래 처리 속도가 따라가지 못한다. 알트코인 중 '비트코인 캐시'는 바로 이 문제를 해결하는 데 집중했다.

비트코인 캐시가 선택한 해결책은 블록의 용량 제한을 늘리는 것이다. 한 블록에 8배 많은 거래가 기록되도록 설계를 바꿨기 때문에 시간당 처리량도 8배 많아진다.

비트코인 캐시를 이해하기 위해서는 약간의 비하인드 스토리를 알아야 한다.

비트코인 캐시는 2017년 8월에 비트코인에서 '하드포크'를 통해 갈라져 나왔다. 비트코인의 확장가능성 문제는 몇 년 전부터 비트코인 커뮤니티의 가장 시급하고 중요한 과제였다. 거래 처리 속도를 높이기 위해 여태까지 제시된 현실적인 해결책은 2가지가 있다.

첫째, 기록방식 변경.

블록에 거래가 기록되는 형식을 바꿔서 한 블록에 더 많은 거래가 들어갈 수 있도록 만드는 것이다. 블록을 한 장의 종이라 생각해보자. 이때 모든 사람이 알아볼 수 있도록 거래 기록을 특정한 형식에 맞춰서 써야 한다.

예를 들어 '엑소가 방탄소년단에게 2018년 1월 1일에 1BTC를 보냈다'는 거래가 있었다고 해보자. 이런 거래를 이를테면 〔EXO-BTS;180101;1BTC〕와 같은 식으로 축약해서 기록한다. 그럼 글자 수가 줄어든 만큼 종이 하나에 더 많은 거래를 쓸 수 있게 된다. 이게 첫 번째 방법이다.

둘째, 블록 크기의 한도 증가.

비트코인의 블록 1개는 현재 1MB로 크기가 제한되어 있다. 이 한도를 증가시키면 블록 하나에 더 많은 거래가 들어갈 수 있기 때문에 처리할 수 있는 양도 늘어난다. 더 큰 종이에 더 많은 거래를 적을 수 있는 것과 같다.

해결책 1. 기록방식의 변경

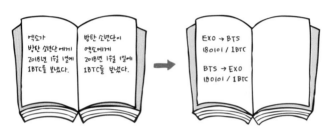

해결책 2. 블록 사이즈 증가

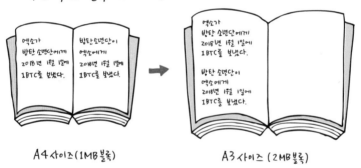

A4사이즈(1MB블록)   A3사이즈 (2MB블록)

앞에서 말한 것처럼 이 해결책을 실제 비트코인 프로토콜에 적용하려면 비트코인 사용자와 채굴자 대부분의 합의가 필요하다. 그래서 2017년 5월, 비트코인의 이해관계자에 해당하는 58개의 회사들이 모여서 해결책을 논의했다. 이 모임의 결론은 '기록방식 변경을 도입하는 동시에, 6달 내에 블록 크기를 2배로 증가시킨다'는 것이었다. 업데이트는 8월로 예정되었다. 비트코인 커뮤니티는 그렇게 방향을 잡은 것처럼 보였다.

그런데 블록 사이즈를 늘리는 것이 옳은가에 대해 비트코인 커뮤니티 내에서 격렬한 논쟁이 벌어졌다. 비트코인의 핵심 개발자들을 중심으로 사이즈를 늘리는 것에 반대하는 사람들이 생겨났다. 이들은 사이즈를 늘리려면 반드시 하드포크를 해야 하는데, 이는 비트코인 네트워크를 약화시킨다고 주장했다. 블록 크기가 커지면 검증에 참여하는 데 필요한 컴퓨터 사양도 올라가기 때문에 채굴의 대형화가 더 심화될 것이라는 우려도 있었다.

대신 이들은 기록방식을 변경하고, 블록체인 외부에서 거래를 따로 처리하고 결과만 블록체인에 기록하는 방식인 '사이드 체인' 기술 등을 적용하면 충분히 거래 처리량을 늘릴 수 있다고 주장했다. 이에 반대하는 사람들은 사이드 체인 방식은 아직 개발 중이라 언제 적용될 수 있을지 모르니, 당장은 블록 사이즈 증가가 반드시 필요하다고 반박했다.

블록 사이즈가 커지면 대형 채굴 회사가 가져가는 수수료가 커진다. 당연히 비트코인의 주요 채굴자들은 대부분 블록 사이즈 증가를 지지했다.

개발자 그룹과 채굴자 그룹을 중심으로 한 논쟁이 계속 되면서 예정되었던 업데이트는 지지부진한 상태다. 그러자 이에 불만을 품은 일련의 채굴자 그룹이 뭉쳐 블록 사이즈를 증가시킨 버전을 만들었고, 이것이 바로 비트코인 캐시다.

비트코인 캐시가 비트코인과 다른 점은 딱 하나, '속도' 다. 기존에 블록 크기 한도를 겨우 2배 늘리는 것 가지고 논쟁 하는 것에 신물이 났던지, 하드포크를 하면서 아예 8배로 늘려버렸다. 그래서 비트코인 캐시에서는 한 블록에 비트코인보다 8배 많은 거래가 담기고, 시간당 처리량도 그만큼 많다. 이들은 이 장점을 내세워 비트코인 캐시가 앞으로는 비트코인보다 더 많이 쓰이게 될 것이라고 홍보했다.

하지만 비트코인 캐시에 장점만 있는 것은 아니다. 가장 큰 문제점은 채굴의 중앙집중화다. 비트코인 캐시는 거대 채굴 회사들의 지원을 받아 태어났다. 컴퓨팅 파워 또한 거의 대부분 이 채굴 회사들에게 의존하는 상황이라 비트코인 캐시 내에서 이들의 힘은 절대적이다. 실제로 비트코인 캐시의 몇몇 기능들은 채굴자들의 수익을 극대화하는 데 유리하도록 설계되어 있다. 즉, 비트코인 캐시의 의사결정권은 소수의 그룹에게 집중되어 있는 것으로, 이는 비트코인의 초기 정신인 '특정 주체가 권력을 갖지 않는 탈중앙화된 화폐'에 역행하는 것이다.

이에 대해 비트코인 캐시를 지지하는 사람들은 비트코인

의 미래가 '탈중앙화를 유지하는 것'보다는 '사용자들이 얼마나 편리하게 사용할 수 있느냐'에 달려 있다고 주장하는 상황이다. 어느 쪽이 옳은지 판단을 내리기에는 아직 이른 것으로 보인다.

비트코인 캐시의 두 번째 문제는 블록 용량을 늘리는 게 완벽한 해결책은 아니라는 점이다. 현재 늘린 용량인 8MB도 점점 사용자가 늘어나면 한계에 부딪칠 수밖에 없다.

월드페이먼트리포트(Worldpaymentreport)에 따르면 현재 전 세계에서 일어나는 하루 결제량(현금 거래 제외)은 약 14억 건이다. 만약 비트코인 캐시가 정말 세계적으로 통용되는 화폐가 돼 그중 절반을 처리하는 상황이라면, 한 블록에 1.2GB씩은 들어가야 한다. 8MB인 현재보다 150배는 커져야 한다는 뜻이다. 그리고 블록 크기 한도 변경은 반드시 하드포크를 해야 하는데, 매번 한계에 부딪칠 때마다 그럴 수도 없는 상황이다. 그래서 비트코인 캐시는 장기적으로 볼 때 확장가능성 문제를 해결하지 못할 가능성이 높다.

요 약 ¶

1) 비트코인은 블록 크기가 제한되어 있어 처리 속도가 느리다.

2) 그래서 블록 크기를 늘리려고 비트코인에서 갈라져 나온 화폐가 비트코인 캐시로, 블록 크기를 8배로 늘려 속도도 8배 빨라졌다.

3) 그러나 대형 채굴회사 위주로 만들어져 그들에게 권력이 집중
   되어 있다는 문제가 있다.

참고 /// 비트코인 골드

비트코인 캐시의 하드포크 이후 11월에 또 한 번의 하드포
크가 있었다. 여기서 '비트코인 골드'가 탄생했다. 이들의
슬로건은 '다시 비트코인을 탈중앙화하자!(Make Bitcoin
decentralized again)'이다. 즉, 블록체인의 권력이 소수
에게 집중되는 것을 막고 다시 탈중앙화하자는 것이다.

이를 위해 비트코인 골드는 비트코인의 규칙을 바꿨다. 문
제 형식을 바꿔서 일반적인 컴퓨터로 채굴할 때와 ASIC
으로 채굴할 때의 문제를 푸는 속도가 똑같도록 만들었다.
이를 통해 모든 사람이 채굴할 수 있게 되고, 비트코인의
채굴 노드들은 훨씬 더 분산되게 된다.

하지만 비트코인 골드는 근본적인 문제점이 하나 있다. 탈
중앙화의 명분은 정말 좋지만, 실제 사용자 입장에서는 비
트코인을 쓰는 것보다 나은 점이 없다는 것이다. 비트코인
골드는 비트코인의 여러 문제점 중 중앙집중화 문제만을
해결했을 뿐, 다른 문제는 그대로다. 비트코인 골드가 앞으

로도 '비트코인의 초기 정신을 더 잘 유지하고 있다'는 것 이외에 내세울 것이 없다면, 대중의 선택을 받기란 쉽지 않을 것이다.

모네로(Monero)

앞서 비트코인의 공개된 거래 내역을 추적할 경우 사용자들의 프라이버시가 완벽하게 보장되지 않는다고 했다. 이 문제를 해결하기 위해 만들어진 것이 모네로다.

모네로는 거래하는 사람과 오가는 돈의 액수를 모두 암호화해 비공개로 바꾸는 방법으로 문제를 해결한다.

블록체인에서 모든 사람이 거래 내역을 나눠 가지고 있는 이유는 기록된 거래가 유효한지 확인해야 하기 때문이다. 모네로는 암호화 기술을 사용해 거래가 유효한 것은 확인할 수 있지만 실제 거래의 내용은 알 수 없도록 만든다. 현재까지 프라이버시 보호가 가장 강력한 암호화폐 중 하나다.

'절대 추적 불가능한 암호화폐'를 목표로 하는 모네로는 한마디로 '익명성을 극대화한 암호화폐'라 할 수 있다. 이를 위해 복잡한 암호화 기술을 이용하여 사용자의 익명성을 보호하는데, 암호화 기술이 적용되는 곳은 크게 3가지다.

첫째, 가짜 서명을 사용해 보내는 사람을 숨긴다.

비트코인에서 돈을 보낼 때는 자신의 비밀키로 신청한 거래에 서명을 한다. 거래를 신청한 사람이 진짜 돈을 가진 사람인지 확인하기 위해서다. 신용카드를 쓸 때 본인 확인 서명을 하는 것과 비슷하다.

보내는 사람이 누구인지 알 수 있는 것은 이 서명이 블록체인에 공개적으로 기록되기 때문이다. 모네로는 거래에 서명할 때 모르는 사람들과의 서명을 합쳐서 기록해 그중 누가 진짜로 돈을 보낸 사람인지 알 수 없게 한다. 이를 전자서명(Signature)을 여러 명이서 같이 한다고 해서 '링 시그니처(Ring Signature)'라 한다.

실제 모네로에서 돈을 전송하면 자동으로 이전 블록체인 중에서 랜덤으로 주소들을 가져와 내 거래에 같이 서명이 기록된다. 돈을 보낼 때 링의 크기를 직접 설정하게 되는데, 만약 링 크기를 5로 설정하면 4개의 가짜 주소들이 같이 기록된다.

둘째, 수신자가 누구인지 숨기기 위해 '스텔스 주소(Stealth

address)'를 사용한다.

스텔스 주소를 쉽게 이해하기 위해 범죄 영화의 한 장면을 떠올려보자. 비밀스럽게 물건을 거래할 때 흔히 한 사람이 그 물건을 비밀스런 장소, 이를테면 벤치 밑에 두고 사라진다. 그럼 상대방이 나중에 찾아와 벤치 밑에서 물건을 꺼내 간다.

이때 벤치 밑이 바로 스텔스 주소라고 보면 된다. 받는 사람의 주소를 공개하지 않기 위해 일회용 주소를 생성하는 것이다. 보내는 사람은 정해진 일회용 주소에 돈을 전송할 뿐, 받는 이의 실제 주소는 모른다. 이때 링 시그니처로 서명하기 때문에 보내는 사람의 정보도 공개되지 않는다. 또한 이 일회용 주소는 오직 받는 사람의 비밀키로만 찾을 수 있어 익명성을 높인다.

셋째, Ring CT라는 복잡한 암호화 기술을 통해 거래액을 숨긴다.

Ring CT는 너무 복잡한 기술이라 설명을 하기도, 이해하기도 어려우니 여기서는 생략하기로 한다. 그냥 모네로에서는 거래 액수를 거래에 참여한 사람만 알 수 있게 한다는 것만 알아두자.

하지만 모든 암호화폐가 그렇듯 모네로도 완벽하지는 않다. 모네로의 가장 큰 단점은 정부의 규제나 감시 대상이 되기 좋다는 것이다.

탈중앙화 성격 때문에 정부나 금융기관은 암호화폐를 인정하고 키우기보다는 규제하려 할 가능성이 높다. 물론 앞서 말했듯이 암호화폐는 정부가 통제하거나 폐쇄시킬 수 없다. 그러나 거래소는 폐쇄시킬 수 있다. 또는 거래소에서 특정 암호화폐를 거래할 수 없도록 금지시키는 것도 가능하다. 거래소는 중앙집중식이고, 관리하는 회사가 있기 때문이다.

모네로처럼 익명성을 강화한 경우 이런 가능성이 더 크다. 정부 입장에서는 완전한 익명 화폐 시스템은 매우 위험해 보일 수밖에 없다. 그나마 비트코인은 공개된 거래 내역을 분석이라도 할 수 있지만 모네로처럼 모든 정보가 익명화된 경우 그것도 불가능하다. 그래서 조세 회피나 자금 세탁의 수단으로 쓰일 가능성이 매우 높다. 특히 최근 한국 정부가 암호화폐 거래 실명제를 도입하고 여러 규제를 강화하고 있는 것을 보면, 익명 암호화폐는 거래하지 못하게 법으로 제재할 가능성도 충분하다.

또한, 보안성을 강화하다 보면 상대적으로 편의성은 낮아질 수밖에 없다. 은행 거래만 보더라도 인터넷으로 계좌 이체 한 번 하려면 공인인증서도 필요하고 온갖 프로그램을 깔아야 하는 번거로움이 있지 않은가? 하물며 모네로처럼 복잡한 암호화 기술이 적용되어 있으면 연동되는 어플리케이션도 많지 않고, 사용자 입장에서도 이용하기에 까다로울 수밖에 없다.

더불어 현재까지는 모네로를 사용하려면 일반적인 그래픽 유저 인터페이스(GUI)가 아닌 '커맨드 라인 인터페이스'라는 것을 사용해야 한다. 쉽게 말해 프로그래머들처럼 검은 화면에 'Send Monero' 같은 텍스트 명령어를 쳐야 한다는 뜻이다. 일반 유저, 특히 초보자들에게는 상당한 장벽이 된다.

물론 모네로 측도 이런 단점을 알고 있기에 앞으로는 지원되는 지갑도 늘리고 인터페이스도 개선할 것이라 하니 기대해보는 것도 좋겠다.

요 약 ¶

모네로는 익명성을 극대화한 화폐다. 보낸 사람, 받는 사람 양쪽 모두 암호화되어서 볼 수가 없다.

참고 /// IP 암호화 프로젝트, 코브리

어떤 암호화폐든 거래를 하려면 네트워크와 통신을 해야 한다. 다른 사람들에게 내가 생성한 거래 데이터를 전파해야 하기 때문이다. 그런데 이 과정에서 서로의 컴퓨터 IP 주소가 연결된다. IP주소는 곧 사용자의 지리적 위치를 의미한다. 그래서 거래 당사자들의 주소와 거래액을 암호화해도 마음먹고 IP를 추적하면 사용자의 위치를 알아낼 수 있다.

모네로는 사용자 트래픽의 IP 주소까지도 암호화해서 추적이 불가능하도록 만들기 위해 코브리(Kovri) 프로젝트를 진행 중이다. 아직 실용화되지는 않았지만, 모네로 팀과 별도의 그룹에서 개발하고 있어 출시 후 안전성 검증이 끝나면 모네로에 연동될 예정이다.

코브리가 성공적으로 적용된다면 모네로 상의 거래를 실소유주의 정보와 연결하는 것은 불가능에 가까워져 프라이버시에 민감한 사용자들에게 모네로의 인기가 더욱 올라갈 것이다.

대시(Dash)

지금까지 설명한 알트코인들이 어느 한 가지 문제에만 집중했다면, 대시는 비트코인의 여러 단점을 동시에 해결하려 한다. 여기에는 프라이버시 문제도 있고, 거래 체결 속도 문제도 있으며, 채굴자의 중앙집중화와 거버넌스(Governance)의 부재가 포함된다(거버넌스에 대해서는 4장에서 좀 더 자세히 설명하겠지만, 간단히 말하자면 한 사회가 질서 있게 유지되기 위해 필요한 의사결정 시스템을 뜻한다).

이를 위해 대시는 '마스터노드(Masternode)'라는, 새로운 역할과 거버넌스 시스템을 도입했다.

마스터노드는 채굴자들이 할 수 없는 특수 기능을 지원하며, 사용자를 대표하여 의사결정을 한다.

어떤 조직이든 효율적으로 돌아가려면 책임과 권한을 더 가지는 사람들이 있게 마련이다. 국회의원도 그런 존재다. 국가의 주권은 국민에게 있지만, 매번 직접 의사결정에 참여할 수는 없기 때문에 자신들을 대표해 중요 안건의 의사결정을 하도록 국회의원을 뽑는다. 이들은 감사 등 행정부가 하지 못하는 여러 가지 기능도 맡는다.

대시 네트워크에서는 마스터노드가 이런 국회의원 비슷한 역할을 한다. 마스터노드는 사용자들을 대표해 의사결정을 하고, 채굴자들의 권력을 견제하며, 채굴자들이 하지 못하는 여러 가지 일을 대신 처리한다. 여러 문제를 해결하기 위해 기존의 '채굴자'와 '사용자'로 이루어진 암호화폐 네트워크에 마스터노드라는 새로운 역할을 만들어낸 것이다.

마스터노드 시스템의 핵심은 3가지로 요약할 수 있다.

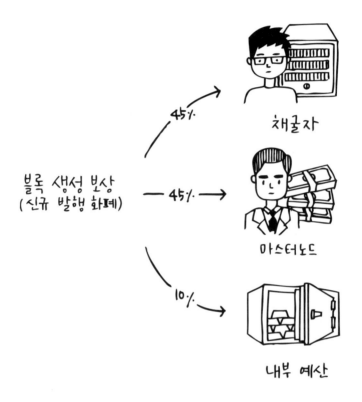

첫째, 마스터노드가 되면 보상을 받는다.

국회의원이 되면 월급과 세금 감면을 비롯해 여러 가지 혜택을 받는 것처럼, 마스터노드가 되면 대시 네트워크에서 '월급'을 준다. 비트코인은 블록이 생성되면 채굴자가 모든 보상을 받는 반면, 대시는 블록이 한 번 생성될 때 채굴자에게

45%, 마스터노드에게 45%, 내부 예산에 10%를 분배한다. 내부 예산에 대해서는 잠시 뒤에 설명하겠다.

둘째, 마스터노드가 되기 위해서는 보증금을 내야 한다.

국회의원은 유권자들의 투표를 통해 자신의 신뢰를 보증한다. 마스터노드에 대한 신뢰는 투표가 아니라 보증금에서 나온다. 마스터노드가 되려면 계좌에 1만 DASH 이상을 보유해야 한다(여기서 DASH는 대시의 화폐 단위다).

이는 비트코인이 채굴자들에게 어려운 문제를 내 일부러 비용을 발생시키는 것과 같은 맥락이다. 그 정도의 DASH를 가지고 있다면 대시 네트워크의 가치가 오르도록 행동할 수밖에 없다고 여기는 것이다. 마스터노드가 되면 네트워크 운영에 중요한 일을 해야 하기 때문에 이 정도의 안전장치를 둔 것과 같은데, 물론 마스터노드 자격을 포기하면 1만 DASH는 언제든지 다시 사용할 수 있다. 참고로 2018년 2월 18일 현재, 1만 DASH는 약 8000만 원에 달한다.

셋째, 마스터노드가 되면 네트워크에 필요한 일들을 해야 한다.

그중 하나가 대시의 추가 기능을 지원하는 것이다. 대시는 프라이버시 문제와 체결 속도 문제를 극복하기 위해 '비밀전송(PrivateSend)'과 '즉시전송(InstantSend)'이라는 기능을 만들었다. 비밀전송은 보내는 시간은 더 오래 걸리지만, 내가

누구에게 돈을 보냈는지 추적 불가능하게 한다. 즉시전송은
블록 생성 시까지 기다릴 필요 없이 거래가 즉시 처리된다.

이런 특수 기능은 채굴자들이 검증하는 시스템 내에서는
구현이 불가능하다. 그래서 마스터노드가 검증하고 블록체인
에 전파하는 역할을 맡는다.

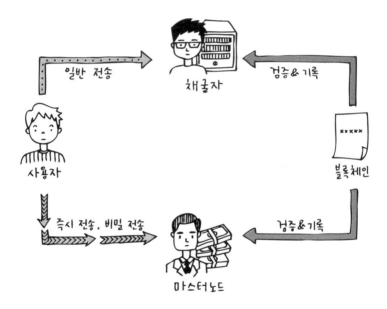

마스터노드가 해야 하는 또 다른 일은 블록체인을 저장
하는 것이다. 일반 사용자들은 블록체인 전체를 다운받지 않
고 거래 생성만 할 수 있다. 하지만 마스터노드는 반드시 자신
의 컴퓨터에 대시의 블록체인 전체를 가지고 있어야 한다. 블

록체인 전체를 가지고 있는 컴퓨터가 많아질수록 채굴자들이 블록체인을 위조하기 어려워진다. 그래서 채굴자들의 권력 집중을 방지하는 효과가 있다.

또한 마스터노드는 중요 안건에 대해 투표권을 행사한다. 투표권은 대시 내의 입법 시스템이라 할 수 있는 거버넌스를 통해 이루어진다. 쉽게 말해 사회 질서 유지에 필요한 의사결정 시스템인 거버넌스는 조직의 운영 방식이라 할 수 있다. 한 사회가 할 수 있는 협력의 수준과 범위는 이 거버넌스에 따라 크게 좌우된다.

참고 /// 대시의 거버넌스 시스템

대시의 공식 웹페이지에는 프로토콜을 개선하는 프로젝트를 제안하고 투표할 수 있는 게시판이 있다. 제안된 프로젝트들은 목표와 방법, 필요한 예산을 제시한다.

마스터노드들은 이 프로젝트를 보고 대시에 꼭 필요하다고 생각하면 찬성표를 던질 수 있다. 대다수 마스터노드의 지지를 받은 프로젝트는 대시가 보유하고 있는 내부 예산에서 필요한 DASH를 지원받는데, 이것이 대시의 거버넌스 시스템이다.

이런 거버넌스 시스템이 있으면 효율적으로 의사결정을 할 수 있다. 비트코인 네트워크에서 블록 크기를 늘리는 문제로 끝내 합의가 이루어지지 않았다고 했는데, 대시 거버넌스 시스템 하에서는 그냥 안건을 상정한 뒤 마스터노드의 투표로 결정하면 된다. 특정 채굴자나 개발자의 의견이 아니라 사용자 대표인 마스터노드들의 투표로 의사결정을 하고 거기에 모두 따르기 때문에 의사결정이 효율적이다.

거버넌스 시스템의 최대 안건은 '개발팀의 월급'이다. 대시 개발자들은 내부 예산 중 일부를 경제적 보상으로 받게 되는데, 마스터노드들의 동의가 필요하다. 비트코인의 경우는 개발팀이 핵심적인 역할을 함에도 아무런 경제적 보상이 없는 반면, 대시는 마치 스톡옵션처럼 개발팀에게 DASH를 지급함으로써 동기부여를 한다. 물론 개발팀이 마음에 들지 않을 경우 마스터노드들은 투표를 통해 개발팀을 해고할 수도 있어 상당히 민주적이다.

하지만 대시의 거버넌스 시스템에도 아직 미숙한 점이 많다. 우선 찬성을 받은 프로젝트 대부분이 개발팀 멤버에 의해서 제출된다는 점이다. 암호화폐 자체가 아직 초기 단계이다 보니 아무래도 전문가인 개발팀이 제안하는 프로젝트가 훨씬 구체적이고 커뮤니티의 지지도 많이 받을 수밖에 없다. 그래서 아직은 개발팀이 새로운 안건에 대한 대부분의 권력을 가지고 있는 셈이다.

펀딩 받은 돈을 어디에 썼는지 투명하게 공개하지 않는다는 점과 아무런 결과도 만들어내지 못한 프로젝트들도 있다는 것 또한 한계점이다.

실제로 대시는 은행과 제휴해 ATM에서 DASH를 쉽게 인출할 수 있도록 만드는 프로젝트를 진행했고, 이용자들의 큰 지지를 받았다. 그러나 1년이 넘도록 아무런 결과도 만들어내지 못했고, 진행 상황이나 예산 집행에 대해 제대로 된 소통도 없어 많은 사람이 대시의 거버넌스 시스템에 실망했다고 한다. 이 문제를 해결하기 위해 감시 제도가 필요할 것이다.

이런 한계점들 때문에, 대시의 거버넌스 시스템은 흥미롭지만 아직은 갈 길이 멀어 보인다.

요 약 ¶

1) 대시는 '마스터노드'라는 역할을 새로 도입했다.

2) 마스터노드는 대시의 추가 기능들을 지원하고, 채굴자들의 권력을 견제하며, 사용자들의 대표로서 투표권을 행사한다.

3) 대시는 누구나 게시판에 프로젝트를 제안할 수 있고, 과반수

의 마스터노드가 찬성하면 내부 예산을 배정해주는 거버넌스 시스템을 갖추고 있다.

참고 /// 대시의 에볼루션은 암호화폐의 '토스(Toss)' 가 될 수 있을까?

'에볼루션'은 대시가 개발 중인 새로운 서비스다. 대시의 표현에 따르면 '할머니도 쓸 수 있는 암호화폐 인터페이스'를 목표로 한다. 현재 암호화폐를 사용하려면 길고 복잡한 주소를 외워야 하고, 결제 과정도 복잡하다. 에볼루션은 암호화폐에 대한 지식이 없어도 쉽게 사용할 수 있는 자체적인 지갑 서비스라 한다.

쉽게 말해, 에볼루션은 암호화폐의 '토스(Toss)'와 같은 앱이 되고자 하는 것이다. 가장 중요한 기능 중 하나가 상대방의 주소를 몰라도 돈을 보낼 수 있는 기능이다. 복잡한 주소를 외우거나 관리할 필요 없이 상대방의 연락처나 ID를 통해 검색하고 보낼 수 있다. 자동 이체 기능도 있고, 에볼루션과 연결된 온라인 상점들에서는 간편 결제도 가능하다.

간단해 보이지만 기술적인 문제 때문에 지금껏 다른 지갑들에서는 불가능했던 기능들이다. 사용자 경험의 편리함으로 성공한 토스처럼, 에볼루션은 사용자 경험을 향상시켜 결과적으로 암호화폐의 작동원리나 지갑의 사용법을 익힐 필요 없이 자연스럽게 사용할 수 있도록 만들겠다고 한다. 만약 대시가 예고한 만큼 사용자 경험을 개선한 지갑을 만들어낸다면 사용자들에게 어필할 수 있는 중요한 차별화 포인트가 될 것이다. 또한 에볼루션이 출시되면 제3의 서비스들과 연동 가능하도록 공개한다고 하는데, 많은 사용자를 확보하고 있는 서비스들과 연동된다면 대시의 가치도 많이 올라갈 것으로 보인다.

디앱(Dapp)과
이더리움(Ethereum)

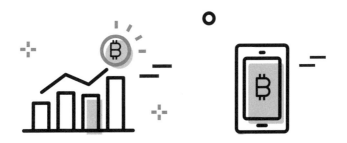

1.
탈중앙화 어플리케이션,
디앱

이더리움과 블록체인 기반 서비스의 등장

앞에서 우리는 비트코인에 이어 라이트코인, 비트코인 캐시,
모네로, 대시 등 대표적인 암호화폐들을 살펴보았다. 이러한
여러 암호화폐 프로젝트들의 공통점 중 하나는 블록체인을
'장부 만들기'에 사용했다는 점이다. 블록체인은 '거래 내역'을
기록하고 그 기록이 진본임을 보장했다.

여기서 여러 질문이 나올 수 있다. 비트코인이 만들어낸
탈중앙화 네트워크를 '화폐'가 아닌 다른 것에 활용할 수는 없

을까? 블록체인에 '거래 내역' 말고 다른 것을 기록할 수는 없을까? 은행이 아니라 다른 기관을 '탈중앙화'할 수는 없을까?

지금까지 우리가 알아봤던 모든 것들이 "어떻게 하면 은행 없는 화폐를 만들 수 있을까?"라는 고민에 대한 답이었던 것처럼, 이런 새로운 질문들의 답을 찾기 위한 고민들이 새로운 혁명으로 이어지고 있다.

비트코인의 등장 이후 많은 사람이 비트코인 블록체인을 다른 분야에 활용해보려는 시도를 했지만, 대부분 실패했다. 원인은 비트코인 블록체인의 디자인 그 자체에 있었다.

비트코인 블록체인은 처음부터 거래 내역을 기록하기 위해 설계되었기에 거래에 필요한 정보 이외에 다른 정보를 기록하기가 어렵다. 거래 안에 담을 수 있는 코드도 매우 한정적이다. 사토시 나카모토는 비트코인을 설계할 때 단순함을 택했다. 더 많은 종류의 정보와 기능을 추가할수록 안정성은 떨어질 수밖에 없기 때문이다.

비트코인 커뮤니티에서 활발하게 활동하던 젊은 개발자 비탈릭 부테린(Vitalik Vuterin)은 비트코인 블록체인의 한계를 깨달았다. 그는 비트코인과 달리 어떤 목적으로도 자유롭게 사용 가능한, 새로운 블록체인을 만들고자 했다.

예를 들면, 기존 비트코인 블록체인은 오직 돈 거래만 기록할 수 있도록 양식을 갖춘 금전출납부처럼 디자인되어 있다. 하지만 비탈릭이 원하는 것은 사용하는 사람에 따라 일기장도 되고 그림책도 되고 필기용이 될 수도 있는 노트였다. 즉, 블록체인이 암호화폐를 넘어 무한한 가능성을 가지게 한다는 목표로, 비탈릭은 새로운 블록체인을 만들기 시작했다. 그렇게 탄생한 것이 바로 이더리움이다.

이더리움은 한마디로 '프로그래밍할 수 있는 블록체인'이라 할 수 있다.

비트코인이 '계산기'라면 이더리움은 '컴퓨터'다. 계산기는 숫자를 입력하면 정해진 규칙에 맞춰 연산을 한다. 하지만 컴퓨터는 그보다 훨씬 더 많은 일을 할 수 있다. 컴퓨터는 컴퓨터 언어를 사용해 그 규칙을 바꿀 수 있기 때문이다.

이더리움 블록체인은 돈 거래도 기록할 수 있지만, 그것을 넘어서 '코드'를 기록하고 그것을 실행할 수 있는 '컴퓨터'와 같은 역할을 한다. 개발자들은 이더리움의 블록체인에 코드를 집어넣어 자신이 원하는 프로그램을 설계할 수 있다.

블록체인에 기록된 코드를 '스마트 컨트랙트(Smart Contract)'라고 한다. 스마트 컨트랙트 덕분에 블록체인의 가능성은 '화폐 시스템을 위한 네트워크'를 벗어나 '어느 분야에든 적용할 수 있는 네트워크'로 확장된다(스마트 컨트랙트에 대해서는 뒤에서 다시 설명하겠다).

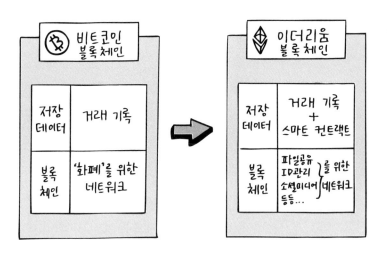

유명한 게임인 스타크래프트를 해본 사람은 '유즈맵'이 무엇인지 알 것이다. 유즈맵은 쉽게 말해 사용자들이 직접 특정 도구(편집기)를 사용하여 기존의 맵을 바꾸고, 새로운 규칙과 설정을 도입해 즐기는 '변종 스타크래프트'다. 이를 통해 기존 스타크래프트 인터페이스를 기반으로 하면서도 전혀 새로운 인디 게임들이 생겨났고, 심지어 스타크래프트보다 유즈맵을 더 즐기는 사람도 있었다. 이더리움의 목표가 바로 비트코인 블록체인의 유즈맵을 만드는 것이라 보면 된다. 물론 이더리움은 비트코인과 별개의 블록체인이긴 하지만, 기본적인 개념은 그렇다.

유즈맵으로 인해 스타크래프트가 전략게임의 틀에서 벗어나 다양한 장르를 가진 플랫폼이 되었던 것처럼, 이더리움도 비탈릭이 도입한 새로운 '편집기'를 통해 사람들이 쉽게 블록체인을 활용한 응용 프로그램을 만들어낼 수 있게 했다.

블록체인을 활용한 서비스를 만들 수 있다는 것은 '중개자가 없는 형태'의 다양한 인터넷 서비스가 생길 수 있다는 뜻이다. 인터넷뱅킹, 소셜 네트워크, 음원 스트리밍, 클라우드 스토리지 등 이 모든 것들이 인터넷 기반 네트워크다.

비트코인이나 인터넷 뱅킹은 돈을 주고받기 위한 서비스이고, 스팀잇이나 페이스북은 좋은 콘텐츠를 보고 큐레이션하기 위한 네트워크다. 겉으로는 바뀌는 게 없다. 블록체인으로 바뀌는 것은 눈에 보이지 않는 '운영 방식'이다.

은행 없는 화폐 시스템(비트코인), 운영자와 광고주 없는 글쓰기 플랫폼(스팀잇), 유통사 없는 음원 스트리밍 서비스(Ujo music), 인증기관 없는 신원조회 서비스(Uport, Civic), 관리자 없는 전자 투표 서비스(Follow my vote), 데이터 센터 없는 클라우드 서비스(Filecoin, Storj), 카드사 없는 결제 서비스(Request Network) 등이 모두 블록체인을 활용한 인터넷 서비스다. 이 외에도 온라인 카지노, 도메인 주소 관리, 게임 아이템 거래, 전력 거래, 클라우드 컴퓨팅, 주파수 공유(Bandwidth) 등 블록체인의 활용 사례는 무궁무진하다.

이렇게 '중개자가 없는 형태'의 블록체인 기반 서비스를 '탈중앙화 어플리케이션(Dapp, 이하 디앱)'이라고 한다. 비트코인도 '돈을 주고받기 위한 디앱'이라고 할 수 있다.

탈중앙화가 그토록 중요한 걸까?

다들 블록체인과 암호화폐만을 이야기하지만, 사실 블록체인(기술)과 암호화폐(자산)는 탈중앙화된 운영 방식을 적용하기 위한 '도구'일 뿐이다. 진짜 핵심은 우리가 사용하는 다양한 인터넷 서비스들을 '탈중앙화'할 수 있다는 것이다.

　　모든 조직 또는 사회는 서로 다른 개인들이 모여 모두에게 이익이 되는 방향으로 협력하기 위해 존재한다. 이를 위해 조직에는 운영자가 필요하다. 운영자는 부정행위를 막고, 규칙을 강제하며, 여러 사안을 결정한다. 사회를 운영하는 방식은 넓은 스펙트럼을 가지고 있지만, 양쪽 끝에는 항상 '통제에 의한 질서'와 '시장에 의한 질서'가 있다.

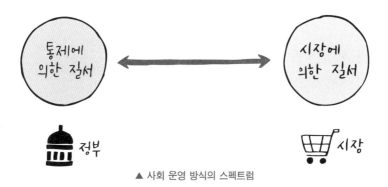

▲ 사회 운영 방식의 스펙트럼

'통제 질서'와 '시장 질서'의 차이를 잘 보여주는 것이 기차와 자동차다. 기차와 자동차의 본질은 똑같이 '사람을 빠르고 편하게 이동시키는 일'이다. 그러나 둘의 운영 방식은 사뭇 다르다.

기차는 권력 질서로 운영되는 네트워크의 대표적인 경우라 할 수 있다. 철도 네트워크를 관리하는 기관이 있고, 이 기관이 열차의 운행 일정과 시간, 속도를 결정한다. 모든 열차는 중앙 기관의 엄격한 통제를 받으며, 중앙 기관은 기차들이 문제없이 효율적으로 운영되도록 보증하는 역할을 한다. 그리고 사용자들은 일정한 돈을 내고 기관이 제시하는 서비스를 이용한다.

반면 자동차는 자발적 시장 질서에 따라 움직인다. 자동차 운전자들은 대부분 자신의 운송수단에 대해 통제권을 가진다. 목적지와 출발 시간, 속도를 알아서 결정한다. 그리고 그에 대한 책임(비용)도 자신이 진다. 대신 빨간 불이면 기다리고, 직진 차량이 우선하는 등 자동차 운전자들이 지켜야 할 규칙이 있다. 교통 규칙은 모두가 안전하고 빠르게 도로를 이용하기 위해 운전자들이 합의한 규칙이다.

이 규칙을 지키면서 각자가 자율적으로 자신의 이익에 맞게 행동하면 자연스럽게 질서 있는 교통 네트워크가 생긴다. 또한 운전자들은 누군가의 지시나 통제에 따라서가 아니라 자신이 지불하는 비용(교통 체증과 연료비)을 고려해 스스로 최적 경로를 조절한다.

지금까지 많은 네트워크가 기차 방식을 사용해왔다. 인터넷 서비스도 정도의 차이는 있지만 대부분 그랬다. 효율적이고, 안정적이며, 예측 가능하다는 중앙화 방식의 장점 때문이었다.

반면 탈중앙화 어플리케이션은 '자동차 방식'으로, 블록체인과 암호화폐라는 도구를 사용해 자발적인 시장 질서를 만들어낸다. 각자가 시장 원리에 따라 행동함으로써 네트워크가 운영된다. 각 개인들이 자신의 이익을 최대화하는 방향으로 행동했을 때 네트워크 전체가 이익을 볼 수 있도록 규칙을 설계했기 때문이다.

참고로, '자동차 방식'을 경제학적 용어로는 '자기조정 시장(Self-regulated market)'이라고 하는데, 이는 재화의 생산과 분배가 중앙권력의 개입 없이 시장 메커니즘에 의해 통제 및 운영되는 시스템이다. 『위대한 전환』의 저자이자 경제학자인 칼 폴라니(Karl Paul Polanyi)는 산업혁명의 핵심을 '기술의 변화'가 아닌 '사회제도의 변화(자기조정 시장의 확대)' 중심으로 해석한다. 이는 탈중앙화 어플리케이션의 미래에도 시사하는 바가 크다.

뒤에서 설명할 블록체인, 프로토콜, 토큰이라는 3가지 요소가 조합되면 중개자 없이 네트워크의 참여자(서비스 공급자, 사용자) 집단이 협력할 수 있게 된다. 이 네트워크에 들어오고 나가는 것은 완전히 자유롭고, 인터넷만 있다면 얼마든지 참가할 수 있다. 규칙에 따라 네트워크에 기여할 경우 보상(뒤에 설명할 토큰)을 받고, 네트워크를 사용하려면 토큰을 지불하기만 하면 된다. 즉, 네트워크라는 조직에 자기 조정 시장의 원리를 도입한 것이다. 이전에는 중앙 주체(기업)가 네트워크를 연결하고 규칙을 정했지만, 탈중앙화 네트워크는 누구의 명령 없이도 개인들의 자율적 선택에 의해 운영된다. 시장에서 누구의 명령 없이도 저절로 소비와 생산이 균형을 이루는 것처럼 말이다.

이는 수많은 개인들이 '자신의 이익에 따라서 행동'하기 때문에 가능하다.

"우리가 저녁 식사를 기대할 수 있는 것은 정육점 주인이나 양조장 주인, 또는 빵집 주인의 자비가 아니라 그들이 자신의 이익, 즉 돈 벌이에 관심이 있기 때문이다."

이는 경제학의 아버지 애덤 스미스가 묘사한 시장이다. 이와 마찬가지로 우리가 디앱에 서비스를 기대할 수 있는 것은 거래를 검증하는 사람이나 저장 공간을 제공하는 사람의 자비 때문이 아니라, 그들이 자신의 이익, 즉 돈 벌이에 관심이 있기 때문이다.

탈중앙화를 위한 3가지 필수 요소

그렇다면 탈중앙화 방식은 어떻게 작동할까?

　　탈중앙화 어플리케이션은 어떤 서비스에 사용되느냐에 따라 구조도, 규칙도 다르다. 서로 다른 목적으로 쓰이는 네트워크이기 때문에, 파일 공유에 쓰이는 탈중앙화 앱과 소셜 미디어로 쓰이는 탈중앙화 앱은 다를 수밖에 없다.

　　하지만 블록체인, 프로토콜 그리고 토큰이라는 3가지 요소를 갖춰야만 탈중앙화가 가능하다.

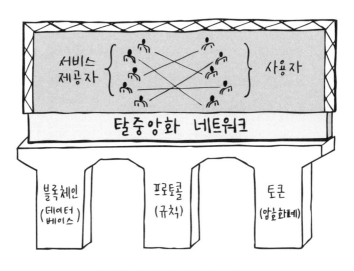

▲ 탈중앙화 네트워크의 3가지 필수 요소

이 3가지 요소들의 특징은 각각 다음과 같이 정리해볼 수 있다.

탈중앙화를 위한 요소 1: 블록체인(데이터베이스)

알다시피 블록체인은 공개된 데이터베이스로, 각 블록은 전 블록과 연결돼 있어 중간의 내용이 한 글자라도 바뀌면 모든 내용이 무효화된다. 네트워크의 모든 참여자는 블록체인의 사본을 나눠 가지고, 누구나 블록체인의 내용을 확인할 수 있다. 블록체인의 내용은 블록 단위로 참여자들에게 동기화된다.

어떤 목적을 위한 탈중앙화 앱이냐에 따라 블록체인에 기록되는 데이터가 달라진다. 개인의 신원 정보일 수도 있고(신원 증명 서비스), 누가 누구의 파일을 저장하고 있는지에 대한 정보일 수도 있으며(파일 공유 서비스), 포스팅한 글과 댓글에 대한 정보일 수도 있다(소셜 네트워크).

무엇이 되었든 간에 블록체인에 기록된 내용은 모두가 신뢰할 수 있다. 블록체인은 불특정 다수의, 내가 잘 모르는 사람들과도 믿고 협력할 수 있는 기반이 된다. 그래서 블록체인은 '신뢰를 보증하는 기술'이다.

탈중앙화를 위한 요소 2: 프로토콜(규칙)

탈중앙화 네트워크가 자율적으로 운영되려면 모든 사람이 특정한 규칙을 지키는 데 '합의'해야 한다. 이 규칙은 거래를 신청한 주체가 본인임을 확인하는 방법, 블록을 생성한 사람에게 보상을 주는 방법, 진본으로 인정할 블록체인을 결정하는 방법 등을 포함한다. 이러한 전체 시스템의 운영 규칙을 프로토콜이라 한다. 자동차 교통 시스템의 각종 운전 규칙이 여기에 해당한다.

비트코인의 프로토콜에는 다음과 같은 것들이 있다.

— 새로운 거래를 블록에 기록할 때는 어려운 문제를 낸다(가장 빨리 푼 사람에게 생성 권한을 준다).
— 거래를 신청할 때 비밀키를 확인함으로써 본인 확인을 한다.
— 블록 크기가 1MB 이상이면 안 된다.

하지만 화폐가 아닌 다른 디앱들의 경우 각자의 서비스에 맞는 규칙이 있을 것이다. 파일 공유 서비스라면 파일을 어떻게 분산시켜 저장하는지, 글쓰기 플랫폼이라면 글에 대한 보상을 언제 어떻게 지급할지에 대한 규칙이 따로 있다.

어쨌든 프로토콜의 핵심은 모든 사람이 이 규칙에 합의하고, 합의된 규칙을 따랐을 때 네트워크 내의 다른 사람들을 신뢰하고 서로 협력할 수 있게 만드는 것이다.

탈중앙화를 위한 요소 3: 토큰(암호화폐)

토큰(Token)에 대해 이야기하기 전에 먼저 용어를 명확히 해
보자.

앞서 비트코인 네트워크에서는 암호화폐를 통해 네트워
크에 기여한 사람들에게 보상을 준다고 했다. 그런데 암호화
폐라는 말은 오해의 소지가 있다. 비트코인처럼 화폐를 위한
디앱의 경우 암호화폐(BTC) 자체가 비트코인이 제공하는 서
비스(돈을 주고받는 것)의 일부다. 검증하는 사람들에게 보상을
주는 수단이자 하나의 화폐 단위인 것이다.

그러나 화폐에 국한되지 않은 범용적인 디앱의 경우 '인
센티브를 주는 수단'과 '서비스'가 독립적인 경우가 많다. 제
공하는 서비스가 '화폐'가 아니기 때문에 암호화폐는 단순히
인센티브의 역할만 한다.

화폐를 위한 디앱이 아닌 경우에도 사람들이 '암호화폐'
라고 부르는 이유는 블록체인의 시작이 화폐를 위한 장부였기
때문이다. 그래서 많은 사람이 '블록체인 기반 서비스=화폐'로
인식하고 있다.

하지만 암호화폐라는 말은 디앱을 이해하는 데 혼란을
줄 수 있다. 암호화폐를 단순히 화폐의 관점에서 보게 되면 암
호화폐를 통해 구현되는 수많은 응용 서비스들을 보지 못한
다. 그래서 전문가들은 더 넓은 범위를 가리키는 말인 '토큰'

혹은 '암호자산(Cryptoasset)'이라는 용어를 쓴다.

토큰은 암호화폐를 포함하는 개념으로, 이 책에서는 블록체인 기반 자산을 말할 때 '토큰'으로 통일할 것이다.

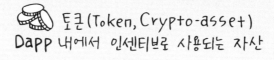

탈중앙화 어플리케이션에서는 중개자가 없다. 그러므로 중개자가 했던 역할을 할 누군가가 필요하다. 이 '누군가'는 거래에 이상이 없는지 검증해주는 사람일 수도 있고, 자신이 쓰지 않는 파일 저장 공간을 빌려주는 사람일 수도 있으며, 유용한 콘텐츠를 포스팅하는 사람일 수도 있다. 이들은 서비스 공급자다. 네트워크의 서비스 공급자들이 자기 역할을 잘하려면 인센티브가 필요하다. 이 인센티브가 바로 토큰이다.

토큰은 토큰 그 자체로는 아무런 가치가 없다. 그냥 블록체인 위에 기록된 숫자일 뿐이다. 이러한 토큰에 가치를 부여하는 것은 네트워크의 '규칙'이다. 같은 재질로 만들어졌음에도 지자체에서 정한 규칙에 따라 제작된 종량제 봉투가 일반 비닐 봉투보다 몇 배나 비싼 것을 생각해보자. 이 차이는 지자체의 규칙이 그 봉투에 권리를 부여했기 때문에 생긴다. 마찬가지로 토큰은 네트워크에서의 규칙에 따라 가치를 갖게 되는 것이다.

토큰은 일반적으로 특정 서비스를 사용할 수 있는 권리를 의미한다. 당연히 토큰과 관련된 서비스가 필요한 사람—비트코인의 경우는 비트코인으로 꼭 돈을 보내야 하는 사람, 파일코인의 경우는 남는 저장 공간에 파일을 저장하고 싶은 사람—이 많으면 가치가 올라간다. 이때 토큰의 개수는 정해져 있기 때문에 토큰을 사려면 거래소 등을 통해 다른 사람에게서 사야 한다.

결과적으로 서비스에 대한 수요가 늘어나면 토큰의 가치가 올라간다. 이것은 토큰으로 보상을 받는 서비스 공급자의 동기 부여로 이어진다. 즉, 서비스 공급자들이 일을 잘할수록 서비스를 이용하려는 수요가 높아지고, 그만큼 토큰의 가치도 올라가므로, 서비스 공급자들은 최대한 열심히 서비스를 제공하게 될 것이다.

토큰의 특징

1) 탈중앙화 앱을 사용하기 위한 권리다.

2) 서비스 공급자는 토큰으로 보상을 받는다.

3) 토큰의 가격은 시장의 공급과 수요에 따라 결정된다.

2.
탈중앙화를 꿈꾸는 분야별 디앱

아직 갈 길이 먼 디앱의 현재

아마 이제 탈중앙화 네트워크의 작동원리와 필수 요소에 대해 이해했을 것이다. 그렇지만 원리를 아는 것과 그 쓰임새를 아는 것은 다르다. 아마도 이쯤에서 여러 의문이 들 것이다.

"탈중앙화 어플리케이션이 기존의 어플리케이션과 비교해서 뭐가 나은 걸까?"

"다들 블록체인 기반으로 뭔가를 한다는데, 그거 꼭 블록체인으로 해야 하나?"

사실 탈중앙화는 운영 방식일 뿐이고, 블록체인은 이를

운영 가능하게 하는 기술일 뿐이다. 그래서 블록체인이나 탈중앙화 자체가 유용하다기보다는 어떤 서비스에 활용되느냐에 따라 가치가 달라진다.

하지만 냉정하게 말해, 탈중앙화 어플리케이션은 사람들이 기대하는 수준으로 활용되고 있는 사례가 아직 없다.

디앱은 탈중앙화를 위해 많은 것을 희생해야 한다. 개중에는 사람들이 중요하게 여기는 편의성도 포함되어 있다. 그래서 널리 사용되기에는 아직 갈 길이 멀다.

디앱은 본격적으로 개발되기 시작한 지 겨우 3년 남짓한, 이제 막 걸음마를 뗀 아기나 마찬가지다. 대부분의 디앱은 개발 중이거나 프로토타입 단계에 불과하다. PC 운영체제로 치면 아직 모든 명령어를 키보드로 쳐야 했던 MS-DOS 수준이라 볼 수 있다. 게다가 기술적으로 구현이 가능하다 해도, 그 안에서 기존에 의도한 대로 질서 있게 네트워크가 운영되는 것은 또 다른 문제다. 비트코인만 해도 기술적으로는 구현되었지만 실제 운영에서는 여러 문제가 있는 것처럼 말이다.

그럼에도 불구하고 탈중앙화가 갖는 이점 때문에라도 디앱의 발전 가능성은 무시할 수 없다.

이런 상황에서 화폐로서의 디앱을 제외하고, 현재 사용 가능하거나 머지않아 사용이 가능할 어플리케이션들을 살펴보는 것은 의미가 있을 것이다. 실제 사례를 통해 탈중앙화가 어떻게 가치를 만들어낼 수 있는지를 알아보자.

스팀잇(Steemit): 탈중앙화 콘텐츠 플랫폼

인터넷의 등장 이후, 디지털 콘텐츠의 수익화는 많은 사람이 고민해온 주제다. 디지털화된 글과 그림, 영상의 복사와 배포 비용이 거의 공짜에 수렴하다 보니 어마어마한 양의 무료 콘텐츠가 등장했다. 이제 콘텐츠는 돈을 내지 않고 보는 것이 당연하다 여기는 사람이 흔할 정도다.

이런 현상은 '글'에서 특히 심하다. 우리는 블로그, 카페, 페이스북 등 인터넷을 통해 다양한 글을 소비하지만 돈을 내지는 않는다. 유료화에 성공한 콘텐츠는 극히 드물다.

그래서 이런 콘텐츠들은 광고를 붙여서 수익을 내기 시작했다. 그런데 광고 수익 모델에서는 수익이 콘텐츠의 질이 아니라 이용자들이 광고를 얼마나 많이 보느냐에 달려 있다. 이용자들의 불평에도 불구하고 수많은 낚시 기사와 배너 광고가 없어지기는커녕 점점 늘고 있는 이유다.

더 큰 문제는, 힘들게 수익을 내도 그 대부분을 콘텐츠 유통 플랫폼이 가져간다는 것이다. 개인인 창작자 입장에서는 이런 플랫폼을 통하지 않고는 콘텐츠를 판매할 수 없기 때문에 플랫폼 운영 기업은 독점력을 가진다. 우리나라의 대표적인 음원 사이트가 벌어들인 돈 중 가수나 작곡가에게 돌아가는 몫이 너무 적어 문제가 되고 있다는 기사를 한 번쯤은 접해봤을 것이다. 그럼에도 가수와 작곡가 입장에서는 이 음원 사이트를 거치지 않고는 음원 판매가 어렵기 때문에 울며 겨자 먹기 식으로 이용할 수밖에 없다는 것도 익히 알려진 사실이다. 결과적으로 콘텐츠 창작자들은 극소수를 제외하면 돈을 제대로 벌지 못한다.

완전한 탈중앙화 방식의 운영을 통해 이 문제를 해결하고자 하는 프로젝트가 바로 '스팀잇'이다. 스팀잇은 콘텐츠를 유료화하지도, 광고를 붙이지도 않는다. 그러면서도 콘텐츠에 기여한 사람들에게 보상을 준다.

스팀잇은 기본적으로 블로그에 페이스북 뉴스피드를 더한 것처럼 생겼다. 다른 사람이 올린 글을 태그를 통해 찾아갈 수 있고, 팔로우하는 사람이나 인기 있는 사람의 글은 뉴스피드에 뜬다. 좋은 글을 발견하면 내 담벼락에 공유하거나 업보트(upvote, 페이스북의 '좋아요'와 유사한 기능)를 할 수도 있다.

스팀잇의 핵심은 보상 체계다. 콘텐츠를 올린 사람은 자신의 글이 업보트를 얼마나 받느냐에 따라 보상을 받는다. 인기 작가들은 글 하나로 수십만 원을 벌기도 한다.

여기까지는 그다지 새로울 게 없는 이야기일 수도 있다. 스팀잇이 정말 놀랍고 신기한 점은 업보트를 누른 사람도 돈을 받는다는 점이다. 이는 업보트를 누름으로써 좋은 콘텐츠를 '큐레이션'하는 데 기여했다는 의미의 보상이다.

자세히 이해하기 위해 먼저 스팀잇 내에서 쓰이는 '스팀(STEEM)'과 '스팀 파워(Steem Power)'에 대해 알아보자(스팀잇과 스팀은 다르다. 스팀잇은 스팀을 사용하는 웹사이트 중 하나다).

스팀은 블록체인 기반 토큰(암호화폐)이다. 스팀 블록체인 위에 기록되고, 거래소에서 현금이나 비트코인으로 바꿀 수 있다. 또한 스팀으로 '스팀 파워'를 구매할 수 있다.

스팀 파워는 커뮤니티 내의 영향력을 의미한다. 스팀 파워가 많으면 그에 비례해서 보팅할 때 가중치가 높아진다. 쉽게 말하면, 스팀 파워가 10인 사람은 좋아요(또는 싫어요)를 10개까지 누를 수 있고, 스팀 파워가 1인 사람은 좋아요(또는 싫어요)를 1개만 누를 수 있다는 의미다. 스팀 파워가 없으면 다른 사람 글에 보팅을 할 수 없다. 나중에는 글을 쓸 때도 스팀 파워가 필요하다.

글을 써서 올리면 읽은 사람들의 '업보팅'에 따라 스팀이 쌓인다. 그리고 7일 후, 전체 중 75%는 글쓴이가, 나머지는 25%는 업보팅을 해준 사람들이 받는다. 놀랍게도, 스팀잇은 아무런 수수료도 가져가지 않는다.

업보팅이 많은 글에 보팅할수록 보팅으로 얻는 수익도 높아진다. 따라서 글쓴이는 보팅을 많이 받기 위해 좋은 콘텐츠를 쓰고, 사용자는 보상을 많이 받기 위해 좋은 콘텐츠에 보팅을 하면서 자연스럽게 좋은 콘텐츠들이 쌓인다.

그렇다면 이들에게 지급되는 스팀은 어디서 오는 걸까?

스팀 블록체인의 규칙상 매년 9.5%만큼의 스팀이 계속 생겨난다. 글에 대한 보상은 바로 이 신규 발행된 스팀에서 지급된다. 비트코인이 거래를 검증한 사람에게 자동으로 BTC를 지급하고 그것이 신규 발행되듯이 스팀도 글쓴이와 추천인에게 스팀을 지급하는데, 이것이 스팀의 신규 발행에 해당한다.

공급이 증가하는데도 그 가치가 유지되려면 당연히 수요가 있어야 한다.

스팀은 커뮤니티 내에서 보팅과 콘텐츠 생성을 할 수 있는 '영향력'인 스팀 파워를 구매할 수 있는 유일한 수단이다. 스팀잇 사용자들은 이 커뮤니티에 참여하고, 스팀잇에 글을 올리기 위해 스팀 파워가 필요하다. 그래서 현금으로 스팀을 사서 스팀 파워를 올린다. 쉽게 말해, 게임 내의 아이템을 사려고 '현질'을 하듯이, 스팀 파워를 올리기 위해 스팀을 구매

한다. 스팀이라는 커뮤니티를 즐기기 위해서 돈을 지불하는 것이다.

어떤 사람은 과거에 블로그와 카페에 봉사하듯 무료로 올렸던 글들을 스팀잇에 올리면서 처음으로 수익을 냈던 기억을 떠올리며, 자신의 콘텐츠에 합당한 대가를 받았던 순간의 가슴 벅찬 경험을 잊을 수 없었다고 한다. 그는 새로 가입한 스팀잇 유저들에게 '소액이라도 스팀 파워는 현질할 것'을 추천했다. 스팀을 사서 스팀 파워를 충전하면 스팀이 즐거워진다는 의미로, 같은 글을 써도 보상이 많아지고, 좀 더 많은 사람과 쉽게 연결될 수 있으며, 다른 사람의 콘텐츠에 보팅하는 것도 큰 기쁨이 된다는 것이다.

이런 사용자들이 있기 때문에 스팀 파워와 스팀에는 경제적 가치가 생긴다. 참고로 1스팀의 실제 가치는 책을 쓰고 있는 2018년 5월 현재 약 4달러에 해당한다. 그리고 스팀은 돈을 찍어내서 자동으로 글쓴이와 큐레이터들에게 지급한다. 사실 스팀잇의 보상 체계에는 이 외에도 '스팀 달러'를 비롯해 다양한 규칙이 존재하지만, 기본적인 개념만을 이해하는 게 목표이니 여기서는 설명을 생략하겠다.

스팀잇은 토큰에 '커뮤니티를 사용하는 재미'를 더해 새로운 개념의 보상 체계를 만들어냈다. 사용자들의 자발적 활동에 의존하는 일반 커뮤니티와 달리 실제로 기여에 대한 보상을 해주기 때문에 성장속도도 빠르고 구성원의 참여도 매우 활발하다. 한국어 커뮤니티도 활성화되어 있다. 스팀잇이 커져야 기존 사용자들이 보유한 스팀의 가치도 올라가기 때문에 신규 사용자들에게 도움도 많이 주고 서로 격려해주는 분위기다.

물론 비판도 있다. 우선 돈을 찍어내서 보상을 하므로, 계속해서 사용자가 유입된다는 전제 하에서만 스팀의 가치가 유지된다. 이론적으로 늘어나는 스팀의 양만큼 계속해서 사용자가 늘지 않으면 스팀의 가치는 하락한다. 물론 실제로는 투자 수요도 있기 때문에 꼭 그런 것은 아니지만, 이런 비판을 피할 수는 없는 상황이다. 혹자는 새로운 사람들이 계속 돈을 쓰게 만들어서 돈을 버는 형태가 '다단계' 같다고 말하기도 한다. 또한 스팀 파워가 클수록 스팀을 많이 벌 수 있는 시스템이라 부익부빈익빈 현상이 있고, 일명 고래, 즉 스팀 파워를 많이 가진 사용자들의 권력이 강해진다는 문제점도 있다. 탈중앙화라고 해서 권력의 집중 현상이 전혀 일어나지 않는 것은 아님을 잘 보여주는 예시이다.

하지만 이런 문제점들에도 불구하고, 스팀잇은 탈중앙화의 가능성을 잘 보여주는 프로젝트다. 누구도 플랫폼을 소유하지 않으면서 기여자들에게 자연스럽게 보상을 해주는 생태계를 만들어냈기 때문이다. 블록체인과 토큰 모델을 활용한 탈중앙화가 아니라면 이런 플랫폼은 불가능했을 것이다.

스팀잇도 아직은 미완성의 프로젝트다. 하지만 하나의 가능성을 제시했고, 급속도로 성장하고 있는 만큼 눈여겨볼 필요가 있는 프로젝트임은 분명하다.

요 약 ¶

스팀잇

1) 스팀잇의 목표

─ 많은 작가가 글을 작성하고, 좋은 글이 추천을 통해 독자들에게 제시되는 소셜 네트워크.

2) 스팀잇의 주요 규칙

─ 업보팅에 비례해 암호화폐인 스팀으로 보상을 해준다. 작가가 75%, 추천한 사람이 25%를 받는다. 이때 새로 발행한 스팀으로 보상을 준다.

─ 스팀을 사용해 스팀 파워를 올릴 수 있다. 스팀 파워가 높아지면 업보팅의 힘이 커진다.

─ 스팀 파워에 대한 수요와 보상으로 늘어나는 공급이 균형을 이루면서 스팀 가격을 형성한다.

3) 스팀잇의 장점

─ 콘텐츠 제작자들이 제대로 보상받지 못하는 기존 콘텐츠 플랫폼과 달리 작가에게 적절한 보상이 돌아간다.

— 작가와 추천인 모두 경제적 보상을 받으므로 네트워크가 활성화된다.

파일코인(Filecoin): 탈중앙화 클라우드 스토리지

저장 공간을 인터넷에서 빌려 쓰는 서비스를 '클라우드 스토리지'라고 한다. 흔히 접하는 아이클라우드, 네이버 드라이브, 구글 드라이브, 드롭박스 등이 모두 클라우드 스토리지다.

일반적인 클라우드 서비스의 프로세스를 간단하게 살펴보면, 회사가 거대한 데이터 센터에 엄청나게 많은 컴퓨터를 갖추고 그 저장 공간을 개인 혹은 기업에게 빌려주는 것이다. 고객은 저장기기를 사거나 관리할 필요 없이 그때그때 사용할 수 있다는 장점 때문에 클라우드 서비스를 사용한다.

이와 달리 파일코인은 특정 회사가 아닌 개개인이 각자 남는 저장 공간을 거래하는 서비스이다. 즉, 기존의 클라우드 스토리지가 호텔이라면, 파일코인은 개인이 자신의 방 정보를 올려 수요자가 이를 이용하게 하는 숙박 서비스인 에어비앤비(Airbnb)라 할 수 있다.

사실 PC의 저장 공간을 100% 활용하는 사람은 드물다. 정확한 수치는 몰라도 전 세계 사람들의 PC에서 남는 저장 공간을 합치면 어마어마할 것이다. 어차피 안 쓰는 공간을 남에게 빌려줄 수 있다면 판매자는 돈을 벌 수 있고 저장 공간이 필요한 사람은 싼 가격에 이용할 수 있어서 좋다. 참고로 골렘(Golem), 엘라스틱(Elastic), 아이젝(Iexec), 솜(SONM) 등에서는 저장 공간 대신 '사용하지 않는 컴퓨팅 파워'를 거래할 수도 있다(우리가 평소 쓰는 컴퓨터 CPU의 파워는 평균 3%라고 한다).

저장 공간을 제공하고 싶은 사람은 파일코인 토큰을 보증금으로 내고 그만큼의 서비스를 제공할 수 있다. 파일코인 네트워크에서 영업하기 위한 일종의 전세금이라 보면 된다. 그 후 네트워크에 제공한 저장 공간과 시간에 따라 보상 코인을 지급받는다.

파일을 저장하고 싶은 사람은 일정량의 파일코인 토큰을 수수료로 지불한다. 코인 가격을 기반으로 거래가 이루어지기 때문에 중개자가 존재하지 않는다. 따라서 서비스 제공자에게 내는 것 외에 중개 수수료가 없다. 수수료가 줄어든 만큼 구매자와 판매자에게 이익으로 돌아간다.

보안 측면에서도 장점이 있다. 중앙 서버에 저장되어 있는 일반 클라우드 스토리지는 (해커들의) 공격점이 하나인 데 반해 파일코인은 정보가 전 세계의 컴퓨터에 분산 저장되기 때문에 보안성이 높다. 또한 파일이 암호화되기 때문에 저장 공간을 빌려주는 사람도 파일을 열거나 건드릴 수 없다. 만약 더 관심이 있는 독자라면 IPFS라는 프로토콜을 검색해보기 바란다.

파일코인 역시 아직 개발 단계에 불과해 완성도가 어느 정도일지는 알 수 없다. 만약 완성된다 해도 탈중앙화 클라우드 스토리지가 현재 클라우드 시장을 완전히 대체하지는 못할 것이다. 중앙화된 클라우드 스토리지는 디앱이 제공할 수 없는 고급 기능이나 전문가의 기술 지원이 가능해 서비스의 질 측면에서 현저한 차이가 날 수밖에 없기 때문이다.

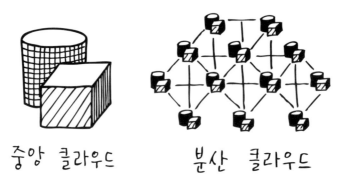

중앙 클라우드 　 분산 클라우드

▲ 중앙 클라우드와 분산 클라우드의 차이 시각화

또한 안정성 문제도 있고, 참여자들의 네트워크 연결이 끊길 가능성도 있다. 개인 PC가 항상 네트워크에 연결되어 있을 수는 없기 때문이다. 이 문제를 해결하기 위해 파일코인은 한 파일을 여러 개의 컴퓨터가 저장하도록 설계했으나 완벽히 해결될지는 의문이다.

그러나 가격 면에서 상당한 경쟁력이 있다. 아마존이나 구글 같은 기업도 특정 시기에는 부족한 저장 공간을 해결하기 위해 탈중앙화 클라우드를 사용할 수도 있다.

파일코인 외에 개발 중인 탈중앙화 스토리지 서비스는 시아코인(Siacoin), 스토리지(Storj), 메이드세이프(Maidsafe) 등이 있다.

요 약 ¶

파일코인

1) 파일코인의 목표

— 쓰지 않는 저장 공간에 타인의 파일을 저장해주고 필요할 때 다시 보내주는 저장 공간 공유 네트워크

2) 파일코인의 주요 규칙

— 타인의 파일을 저장하는 참여자는 저장량과 시간에 따라 파일코인으로 보상받는다.

— 저장 공간이 필요한 사람은 일정량의 코인을 지불하고 여러 컴퓨

터에 자신의 파일을 분산 저장하여 필요할 때 꺼내 쓸 수 있다.

3) 파일코인의 장점

— 어차피 남는 공간을 활용하는 것이고, 중개자가 없기 때문에
기업이 제공하는 클라우드 서비스보다 저렴하다.

— 공급을 쉽게 늘릴 수 없는 기업 서버와 달리 수요에 따라 공급
이 탄력적이다.

시빅(Civic): 탈중앙화 본인 인증

인터넷을 사용하다 보면 회원 가입을 할 때 또는 금융조회나
계좌이체 등을 할 때 본인 인증을 해야 한다. 이때 사용되는
것이 본인 인증 서비스로, 특정 웹사이트나 앱에서 사용자의
본인 인증을 필요로 할 때 제3자가 '그 사람이 본인이 맞음'을
인증해주는 것이다.

현재 본인 인증 서비스는 정부가 지정한 특정 기관들이
관리하고 있다. 공인인증서나 통신사 인증이 대표적이다. 민
감한 고객 정보를 다루기 때문에 보안 기술을 철저히 적용하
는데, 그에 따른 불편함에 불만을 가진 사람이 많다. 게다가
해외에서 본인 인증이라도 해야 할 때면 그 불편함은 배가된
다. 또한 잘 느끼지 못하고 있지만, 본인 인증 서비스도 공짜
가 아니다. 우리는 인증할 때 돈을 내지 않지만 본인 인증을

해야 하는 웹사이트나 앱에서는 매번 수수료를 낸다. 사용자의 개인정보를 가진 기업은 미리 개인정보를 저장하고 안전하게 관리하다가 외부 사이트에 이 고객이 본인이 맞음을 인증해주는 것인데, 그에 따른 대가를 받는 것이다.

이런 본인 인증 서비스를 탈중앙화 방식으로 구현하기 위해 등장한 프로젝트 중 하나가 바로 시빅이다. 시빅은 블록체인에 사용자 개인식별정보를 암호화된 형태로 저장하고 필요할 때 인증 서비스를 제공하는 탈중앙화 어플리케이션이다.

시빅의 개인정보는 블록체인에 기록되기 때문에 중앙 서버에 저장하는 방식보다 안전하다. 사용자들은 자신의 ID에 따라 다양한 정보(계좌, 면허, 연락처, 여권 등)를 저장하고 비밀번호나 지문 하나로 (시빅을 받아주는 사이트에서 한해) 본인 인증을 할 수 있다.

최근 우후죽순처럼 생겨난 여러 간편 결제 서비스들('XX 페이'라고 이름 붙인)을 생각하면 이해하기 편할 것이다.

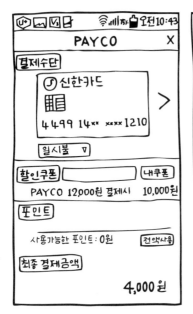
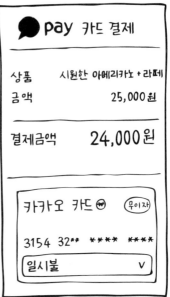

▲ 간편 결제 서비스 화면

　예전에는 결제하려면 온갖 프로그램을 깔고 일일이 인증 절차를 거쳐야 했지만, 이런 간편 결제 서비스를 이용할 경우 특정 서비스에 내 계좌 정보를 등록해두면 그 간편 결제 서비스에 연동된 웹이나 앱에서는 비밀번호 하나로 쉽게 결제가 가능하다. 시빅 또한 이처럼 연동되는 곳에서는 간편하게 본인 인증을 가능하게 하는 것을 목표로 한다.

　회원 가입 역시 마찬가지다. 'Civic으로 로그인하기'를 누르는 순간 시빅 웹이나 앱으로 이동해 ID 인증만으로 즉시

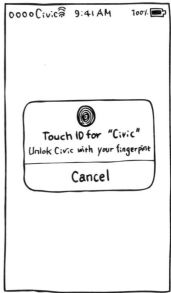

▲ 시빅 앱 화면(출처: civic 홈페이지)

본인 인증이 완료된다.

블록체인에는 국경이 없기 때문에 시빅을 받아주는 사이트라면 어디든지 글로벌하게 사용될 수 있다는 장점도 있다. 사용은 훨씬 편리하고, 개인정보 유출의 위험도 적다. 물론 고객들이 시빅으로 인증할 때마다 웹사이트나 앱의 운영자들은 시빅 토큰(CVC)으로 수수료를 지불해야 하지만, 블록체인으로 보안을 유지하므로 중개 기관의 역할이 최소화돼 기존 본인 인증 서비스보다 저렴하다.

장점은 또 있다. 아직 현실화되지 않은 기술이지만, 블록체인 기반 ID가 확장된다면 각 웹사이트나 앱에서 발생하는 정보들을 통합할 수 있다.

현재 사용자 데이터는 파편화되어 있다. 네이버 ID에는 네이버 사용기록만, 쿠팡 ID에는 쿠팡 사용기록만 저장되는 식이다. 각자 다른 기관과 회사들이 정보를 저장하기 때문에 같은 사람의 활동과 평가도 통합적으로 파악하기 어렵다.

블록체인 ID가 실제로 구현되면 한 사람이 남기는 여러 데이터를 하나로 통합할 수 있다. 이러한 블록체인 ID는 온전히 나의 소유이므로 여러 곳에서 발생한 데이터를 모두 통합해 기록하는 데 전혀 문제가 없다. 그렇게 되면 각각의 서비스를 끊어짐 없이 사용할 수 있다.

블록체인 ID로 구글을 쓰다가 같은 ID로 네이버를 쓴다고 해보자. 이 경우 네이버가 구글의 검색 기록을 활용해 네이버 검색 결과를 띄워줄 수 있다. 물론 구글과 네이버 같은 기업 측에서 허용한다는 전제가 있어야 하지만, 사용자를 확보하지 못한 인터넷 서비스들에게는 충분히 매력적이다.

이 데이터들은 블록체인 ID에 저장돼 본인 허락 하에만 사용된다. 사용자는 신뢰하는 웹사이트에만 데이터를 제공하거나, 아니면 데이터 사용에 대한 대가를 받을 수도 있다.

탈중앙화 본인 인증 서비스는 경쟁이 치열하다. 이미 시빅 외에도 유포트(uPort), 트라세토(Traceto) 등 다양한 서비스가 등장했다. 비슷한 비즈니스 모델을 가진 간편 결제 서비스를 통해 추측해볼 때, 이러한 본인 인증 서비스들의 생존은 얼마나 많은 파트너와 연동하는가에서 갈릴 것이다. 사용자들은 ID 하나로 최대한 많은 사이트에서 인증하길 원할 것이기 때문이다.

요 약 ¶

시빅

1) 시빅의 목표

― 개인정보를 저장해두고 누군가 ID를 제시했을 때 그 사람이 정말 본인이 맞는지 확인해주는 본인 인증 서비스.

2) 시빅의 주요 규칙

― 사용자는 시빅 ID를 만들고 개인정보를 블록체인에 등록한다.

― 사용자가 시빅으로 인증하기를 요구할 경우 웹사이트(앱)에서는 시빅 토큰을 수수료로 내고 시빅 인증자들에게 인증 요청을 보낸다.

― 시빅의 인증 파트너들은 시빅 토큰을 받고 본인이 맞음을 보증해준다.

3) 시빅의 장점

― 개인정보 유출 위험 없이 간편하게 본인 인증이 가능하다.

— 충분히 활성화되면 ID 하나로 여러 국가에서 인증 가능하다.

— 서로 다른 사이트 이용 정보도 하나의 ID로 관리할 수 있다.

팩텀(Factom): 탈중앙화 기록 증명

팩텀이란 쉽게 말해 블록체인에 문서를 저장하는 서비스다. 디지털 문서를 블록체인에 기록하면 그 뒤로 내용 위조가 불가능해진다. 좀 더 정확히 말해, 만약 누군가 디지털 문서를 변경하더라도 변경되었음을 바로 알 수 있다.

어쩌면 굳이 블록체인에 문서를 저장해야 할지 의문이 들 수도 있다. 하지만 기업이나 정부 기관 입장에서는 문서의 위조가 불가능하다는 것이 꽤 매력적인 요소가 되기도 한다.

대표적인 경우가 감사(audit)를 받을 때다. 특히 금융이나 제약, 식품 분야 기업이나 공기업 등은 국민들의 건강과 자산 같은 중요한 문제를 다루기 때문에 상대적으로 감사도 엄격하다. 감사를 받을 때는 외부 감사자가 관련 기록을 요구하면 회사는 기록을 찾아서 넘겨준 뒤에 그 문서가 진본임을 증명해야 한다.

감사 외에도 국제 거래나 신뢰가 매우 중요한 문서를 주고받을 때 진본 여부를 증명해야 하는 경우가 있다. 대출 신청서나 상품 배송장처럼 여러 기관을 거쳐 사용되는 문서라면 진위 여부 증명이 꼭 필요하다.

기업들은 문서 진위 여부를 증명하기 위해 제3의 서비스인 공증 사무소를 이용하는데, 당연히 공짜가 아니다. 기업 입장에서는 이런 문서가 많을수록 비용 부담이 커진다. 이를 하나의 기업이나 기관이 아닌 사회 전체로 확대해보면, 문서의 진위 여부 증명에 엄청난 시간과 비용이 사용된다.

이런 상황에서 한 번 기록되면 위조가 불가능하다는 특성을 이용해 블록체인에 문서를 저장하면 빠르고 편하게 문서의 진위 여부를 증명할 수 있다. 또한 중개자가 없으므로 민감한 문서를 남이 볼 우려도 없다. 즉, 블록체인에는 암호화(해시화)된 데이터만 올라가기 때문에 저장된 문서의 내용은 알 수 없지만 진위 여부는 확인이 가능한 것이다.

고객은 팩텀에 문서를 저장하고 별도로 자신들의 컴퓨터에도 저장한 후, 감사 등이 필요할 때 자신들이 가진 문서와 함께 블록체인의 주소를 넘긴다. 이를 받은 사람은 팩텀에서 이 문서가 원본이 맞는지를 확인할 수 있다.

팩텀의 토큰 모델은 독특하다. 사용자들은 팩텀에 문서를 저장할 때 팩텀 토큰(FCT)을 소각함으로써 문서를 저장할 수 있는 용량을 받는다. 이 과정에서 저장 용량당 가격은 항상 일정하게 유지된다.

예를 들어, 팩텀에 문서를 1KB 저장하는 데 100원이 들고, 팩텀 토큰이 300원이라고 해보자. 그럼 팩텀 토큰 하나를 소각할 때 3KB의 용량을 준다. 만약 팩텀 토큰이 100원이라면 하나를 소각할 때 1KB의 용량을 준다. 따라서 사용자들은 가격 변동 걱정 없이 팩텀 서비스를 이용할 수 있다.

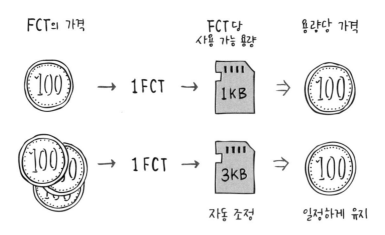

서비스 제공자인 채굴자들은 데이터를 블록체인에 기록해주고 보상을 받는다. 이들에게는 항상 일정량의 팩텀 토큰

이 신규로 발행된다.

　이 보상은 팩텀의 수요가 늘어날수록 커진다. 사람들이 많은 용량을 저장할수록 팩텀 토큰이 많이 소각되기 때문에 팩텀 토큰의 총 개수는 줄어들고, 팩텀 서비스에 대한 수요가 커질수록 팩텀 토큰의 가치도, 검증자들이 받는 보상의 가치도 올라간다. 그러므로 팩텀 검증자들은 성실하게 일할 유인을 갖게 된다. 이는 비트코인의 토큰 모델과 비슷하지만, 용량당 단위 가격을 일정하게 유지해 사용자들이 불편 없이 사용할 수 있게 만들었다는 점이 다르다.

　팩텀은 현재 사용 가능한 블록체인 중 가장 높은 완성도를 자랑하고, 유용성이 명확한 프로젝트 중 하나로 앞으로의 발전이 더욱 기대된다.

요 약 ¶

팩텀

1) 목표

― 문서를 블록체인에 저장해, 차후에 문서가 변경되지 않았음을 증명해주는 기록 증명 서비스.

2) 팩텀의 주요 규칙

― 사용자는 팩텀 토큰을 사용해 저장 용량을 구입한다. 용량당 법정화폐의 가격은 일정하다.

— 팩텀 체인의 검증자들은 데이터를 기록한 만큼 신규 발행된 팩텀 토큰을 받는다.

— 사용자가 많아질수록 팩텀 토큰의 총량은 줄어들고, 팩텀 검증자들에게 가는 보상도 커지기 때문에 열심히 일할 유인이 생긴다.

3) 팩텀의 장점

— 기존의 문서 공증보다 훨씬 효율적으로 문서의 진위 여부를 증명할 수 있다.

탈중앙화의 한계

여러 장점에도 불구하고, 탈중앙화 방식이 만능은 아니다. 탈중앙화 어플리케이션이 기존의 어플리케이션을 모두 대체할 수도 없다. 비트코인이 은행을 완전히 대체하는 일도 없을 것이다. 탈중앙화는 고유한 단점도 가지고 있기 때문이다.

우선 앞서도 설명했듯이 탈중앙화는 중앙집중화보다 비효율적이고 불편하다. 하나의 중앙 컴퓨터에서 처리하는 것이 아니라 새로운 블록을 생성할 때마다 검증 절차를 거치고, 그것을 모든 컴퓨터가 나누어서 저장해야 하니 상대적으로 비효율적일 수밖에 없다.

특히 기존 인터넷 서비스에 익숙해진 사용자들에게는 더욱 불편하다. 본인의 비밀키를 잊어버리면 복구할 수도, 다른 사람이 찾아줄 수도 없다. 일단 한 번 동작을 실행하면 취소할 수도 없다. 게다가 디앱을 사용하려면 토큰을 따로 구매해야 하고, 본인이 모든 것을 책임져야 한다는 부담감도 있다.

탈중앙화의 한계는 알고리즘의 한계와도 연결된다.

프로그래밍으로 해결할 수 있는 의사결정도 있지만, 그럴 수 없는 의사결정도 있다. 블록체인과 프로토콜은 결국 디지털 데이터와 코드일 뿐이다. 그래서 사람의 판단과 결정이 필요한 서비스는 탈중앙화 네트워크로 구현하기 어렵다. 일어날 수 있는 변수와 관계가 복잡하기 때문이다.

어떤 서비스와 상품은 여전히 인간의 손길이 필요하다. 이처럼 사람이 개입되거나 현실 세계의 수많은 변수가 영향을 미치는 서비스는 탈중앙화 네트워크로 처리하기 어렵다. 예를 들어 에어비앤비를 탈중앙화 어플리케이션으로 구현할 경우 일어날 수 있는 변수가 너무나 많다. 에어비앤비를 사용하면서 발생할 수 있는 수많은 사고 상황은 에어비앤비 고객 센터가 처리하는데, 이 고객센터를 코드로 구현하는 것은 매우 어렵다.

디앱에는 사회적 장벽도 있다. 기술적으로 블록체인이 안전하다고 해도 사람들이 탈중앙화 네트워크과 블록체인을 신뢰하고 받아들이는 데도 시간이 걸릴 것이다. 유명한 벤처 투자자 마크 안드레센(Marc Andreessen)은 이를 지폐가 처음 도입되었을 때의 예를 들어 설명한다. 지폐가 발명되고 나서도 많은 사람들이 수십 년 동안이나 지폐를 쓰지 않았다고 한다. '겨우 종잇조각인데 훼손되면 어쩌나', '믿을 수 없다'는 등의 이유였다. 그러나 시간이 지나고 지폐에 대한 신뢰도가 올라가면서 지폐가 광범위하게 쓰이기 시작했다.

블록체인과 디앱도 마찬가지다. 블록체인은 여전히 대중이 이해하기 어려운 개념이다. 어렵고 추상적인 개념을 신뢰하는 데는 시간이 필요하다. 사람들이 블록체인을 믿고 정보를 공유해 그 위에서 하나의 사회를 형성하게 되기까지는 꽤 많은 시간이 걸릴 것이다.

'시장실패(Market failure)' 또한 디앱이 해결해야 할 문제다. 우리는 오랜 역사를 통해 시장에 의해 운영되는 경제가 완벽하지 않다는 사실을 배웠다. 자기 조정 시장을 통한 경제는 장점도 크지만 동시에 사회적으로 최적의 결과를 내지 못하는 경우도 있는데, 이를 경제학에서는 '시장실패'라고 한다. 대표적인 것이 독과점으로 인한 비효율성, 정보의 비대칭으로 인한 역선택, 공공서비스 공급 실패 등이다.

정부는 시장실패를 바로잡기 위해 독과점 기업들을 견제하고, 자유경제 시장에서는 제대로 운영되지 않는 공공서비스를 공급하며, 세금을 통한 재분배 정책을 실시한다.

블록체인 기반 서비스들도 이런 문제를 겪을 수 있다. 앞서 스팀잇 사례에서도 시간이 지날수록 스팀을 많이 보유한 소위 '고래'들에게 유리한 환경으로 바뀌며 부익부빈익빈 현상이 생겨났다. 이런 면들 때문에 궁극적으로는 탈중앙회 어플리케이션도 어느 정도 중앙 권력의 개입과 조정을 필요로 하게 될 것이다.

디앱은 사람들이 블록체인을 믿고 그 위에서 정보를 주고받을 수 있는 경우에 한해, 효율성과 편의성을 희생하더라도 반드시 탈중앙화가 필요한 분야에서만 가치가 있다. 따라서 장기적으로 효율성과 편의성이 중요한 분야에서는 중앙화 앱을, 탈중앙화와 권력 분산이 중요한 분야에서는 탈중앙화 앱을 쓰는 식으로 사회는 변화해갈 것이다.

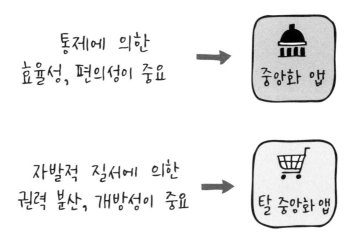

3.
디앱의 시초,
이더리움

디앱의 기초, 스마트 컨트랙트

프로그래밍이 가능해 다양한 디앱을 개발할 수 있는 블록체인이 있다. 이런 블록체인을 '디앱 플랫폼'이라 한다.

최초의 디앱 플랫폼인 이더리움은 디앱 플랫폼 경쟁의 강력한 우승 후보다. 현재 가장 많은 디앱을 보유하고 있으며, 가장 광범위한 개발자—사용자 커뮤니티가 존재한다.

이더리움의 핵심은 스마트 컨트랙트다. 스마트 컨트랙트란 쉽게 말해 '돈에 조건을 다는 것'이다.

이더리움 블록체인은 얼마를 주고받았다는 거래 내역만 기록하는 비트코인과 달리, 어떤 조건을 만족하면 어떠한 행동을 하라는 내용까지 같이 기록한다. 그리고 이 조건은 블록체인에 한 번 기록되면 그 내용을 누구도 부정하거나 위조할 수 없다.

이 조건은 블록체인을 믿는 모든 사람이 합의할 수 있는 일종의 '계약'이 된다. 계약 내용은 블록체인에 의해 자동으로 실행된다. 이처럼 자동으로 실행되는(smart) 계약(contract)이라서 스마트 컨트랙트(smart contract)라고 하는 것이다.

즉, 스마트 컨트랙트는 블록체인 위에 기록된 '조건'이라고 생각하면 된다.

이더리움은 최초로 스마트 컨트랙트가 블록체인 위에서 돌아갈 수 있게 만든 블록체인이다. 네트워크 참여자들은 스마트 컨트랙트를 실행하고 그 결과를 블록의 형태로 저장한다.

스마트 컨트랙트를 활용하면 블록체인 위에서 수많은 응용이 가능하다. 거래할 때 안전하게 돈을 보관해주는 에스크로(Escrow) 계좌를 만들 수도 있고, 개인들끼리 서로 베팅을 할 수도 있으며, 특정 자산의 가격에 따라 돈을 지급하는 금융 상품을 만들 수도 있다.

개발자들은 스마트 컨트랙트를 점점 더 복잡하게 엮어 다양한 경우의 수에 따라 작동하도록 만든다. 그 스마트 컨트랙트를 웹페이지나 모바일 앱과 연결한 것이 바로 탈중앙화 어플리케이션인 디앱이다.

사례 1 ─ 스마트 컨트랙트로 친구에게 돈 빌려주기

어느 날 친구가 찾아와서 돈을 빌려달라고 했다.

"이번에 진짜 괜찮은 주식을 발견했는데, 돈 좀만 빌려줘라. 불려서 꼭 갚을게."

고민이 되기 시작한다. 믿을 만한 친구이기는 하지만 돈 앞에 장사 없다지 않는가?

'돈을 벌고 그대로 도망가면 어떡하지?'

이런 생각이 드는 건 어쩔 수 없다.

그때, 좋은 생각이 났다.

"좋아. 그럼 대신 스마트 컨트랙트를 걸자."

"응? 스마트 컨트랙트?"

"내가 너한테 송금할 때 조건을 거는 거야. 만약 네가 말한 주식 가격이 150% 이상 오르면, 네 계좌에서 자동으로 나한테 원금과 이자를 전송하게 조건을 거는 거지."

"자동으로?"

"그래, 복잡하게 계약서 같은 거 쓸 필요도 없이 그냥 간단하게 코드만 설정하면 돼."

그렇게 스마트 컨트랙트를 걸고 친구에게 돈(이더)을 빌려주었고, 주식 가격이 오르자 이더리움이 자동으로 친구의 계좌에서 나에게 이더를 보내주었다.

사례 2 — 스마트 컨트랙트로 중고 거래하기

꼭 갖고 싶었던 노트북이 있었으나 너무 비싸서 살 엄두를 내지 못하고 있었다. 그런데 어느 날, 학교 게시판에 그 노트북을 중고로 판매한다는 광고가 올라왔다. 가격도 적당했기에 나는 재빨리 문자를 했다.

"안녕하세요? 노트북 판매 광고 보고 연락드렸습니다. 아직 안 팔렸나요?"

"네, 아직 안 팔렸습니다. 그런데 제가 지금 지방에 있어서 직거래는 어렵고, 택배로만 거래 가능합니다."

아직 안 팔렸다니, 다행이었다. 당장이라도 노트북이 내 것이 될 것 같은 기분이었다.

하지만 거래를 택배로 한다는 건 물건을 받기도 전에 돈을 미리 보내야 한다는 건데, 그게 좀 마음에 걸렸다.

'요즘 중고 판매 사기가 진짜 많다던데⋯⋯. 혹시 이것도 사기 아냐?'

그러고 보니 가격도 너무 저렴한 게, 왠지 수상해 보였다.

나는 혹시나 싶어 안전장치를 걸기로 했다.

"혹시 이더리움으로 결제 가능한가요?"

"네, 가능합니다."

"그럼 제가 배송받고 승인한 경우에만 전송되도록 스마트 컨트랙트 걸어서 보낼게요."

"그러시죠."

나는 일단 중립적인 컨트랙트 계정을 생성하고, 그 컨트랙트 계정에 돈을 보낸 뒤, 내가 물건을 잘 받았다고 승인해야만 상대방에게 돈이 이체되도록 설정했다. 그 결과 안전하게 거래를 할 수 있었고, 나는 원하던 노트북을 저렴한 가격에 가질 수 있었다.

1) '1이더 + 코드' 전송

2) 컨트랙트 계정 생성

3) 약속한 물건 배송

4) '수령완료' 전송

스마트 컨트랙트 실행에 대한 수수료, 이더(ETH)

다른 모든 블록체인과 마찬가지로, 이더리움도 이더리움 소프트웨어를 실행시키는 수많은 컴퓨터의 집합이다. 각 블록마다 참여자 중 거래를 검증할 사람을 뽑아야 하는데, 이더리움은 비트코인과 같은 '작업 증명 방식'—문제를 내고 가장 빨리 푼 사람에게 검증을 맡기는—을 쓰고 있다.

그런데 이더리움 채굴자에게는 임무가 하나 더 있다. 바로, 거래 안에 담겨 있는 코드(스마트 컨트랙트)를 실행시키는 것이다.

거래 검증과 별개로 코드를 실행시킬 때는 그 코드에 따라 일정한 메모리와 컴퓨팅 파워가 필요하다. 그래서 스마트 컨트랙트를 생성하는 이더리움 사용자들은 이에 대해 추가로 수수료를 지불하는데, 그때 사용하는 수단이 바로 '이더'다.

누구든지 이더리움 혹은 이더리움 기반 디앱에서 거래하거나 스마트 컨트랙트를 생성하려면 일정량의 이더를 지불해야 한다. 필요한 이더의 양은 그 거래나 스마트 컨트랙트가 얼마나 용량이 크고 복잡한가에 따라 결정된다.

이더리움 내에서는 누구나 쉽게 자신만의 토큰을 만들 수 있다. 총량은 얼마로 할지, 시간에 따라 어떻게 증가할 것인지, 약자는 무엇으로 할 것인지 등을 자신이 원하는 대로 설정할 수 있다.

한 번 이더리움에 토큰이 생성되면 블록체인에 계속 기록돼 모든 사람이 거래 기록을 조회할 수 있고, 어떤 주소가 이더를 얼마나 보유하고 있는지도 볼 수 있다.

참고 /// 이더리움 토큰

호환성과 관리의 편의를 위해 모든 신용카드가 유사한 형태와 규격을 가진 것처럼 이더리움 토큰에도 표준이 있다. 현재 발행되는 토큰의 95% 이상은 'ERC-20'이라는 표준을 따른다.

참고로 웹상에서 몇 가지 정보만 입력하면 이더리움 토큰을 만들어주는 사이트(Tokenfactory.com)도 있다. 또한 Etherscan.io의 'Token tracker' 메뉴에서는 수많은 토큰을 볼 수 있으니, 관심이 있다면 들어가서 확인해보자.

생성된 토큰에 의미를 부여하는 것은 디앱이다. 토큰은 어떤 디앱에 사용되느냐, 정확히는 프로토콜이 어떤 권리를 부여하느냐에 따라 가치가 생긴다. 이는 앱의 사용 권한일 수도 있고, 실물 자산에 대한 소유권일 수도 있으며, 주식이나 채권 같은 증권일 수도 있다. 또는 의사결정에 영향을 미칠 수 있는 투표권이 될 수도 있고, 단순히 '기부에 대한 감사'를 의미할 수도 있다. 이 토큰을 활용해 개발자들은 다양한 형태의 탈중앙화 네트워크를 설계한다.

토큰을 통한 자금 조달

이더리움 기반 토큰은 최근 전 세계의 핫이슈다. 그 이유는 토큰이 디앱의 자금 조달에 주로 사용되기 때문이다.

이더리움 블록체인 위에 디앱을 만들지 않고 토큰만 이더리움에서 만드는 경우도 있다. 뒤에서 살펴볼 이오스 역시 별개의 블록체인이지만 이더리움 기반 토큰으로 자금을 조달했다.

이더리움 기반 토큰을 사용하면 심지어 디앱을 개발하기도 전에 토큰을 판매할 수도 있다. 마치 식권을 먼저 팔아 그 돈으로 식당을 차리는 것과 같은 이치다.

사람들이 아직 생기지도 않은 디앱의 토큰을 사는 이유는 뭘까? 어쩌면 당연한 이야기겠지만, 대부분은 돈을 벌기 위해서 산다. 사람들이 토큰을 사면 이는 투자금이 돼 디앱이 생겨난다. 토큰은 한정되어 있기 때문에, 그 디앱이 인기를 끌수록 미리 사둔 토큰의 가치는 뛰게 되어 있다.

이처럼 디앱을 개발하기 전에 토큰을 공개적으로 판매하는 것을 토큰 세일(Token sale) 또는 ICO(Initial Coin Offering)라고 한다. 주식시장에 새로운 회사가 상장하는 것을 뜻하는 IPO(Initial Public Offering)에 빗대 만들어진 말이다. 대중들에게 직접 주식을 판매하여 자금을 조달하는 방법인 IPO와 유사하기 때문이다.

하지만 ICO와 IPO는 분명한 차이점이 있다. 우선 IPO와 달리 ICO는 실체가 없는 상태에서 계획만 가지고 시작한다. 그런 의미에서는 크라우드 펀딩에 더 가깝다. 또한 IPO는 금융 당국의 감독과 규제 하에 이루어지지만 ICO는 법의 경계를 벗어나 있으며, 아무런 규제나 자격 조건이 없다. 주식은 기업에 대한 소유권을 의미하는 반면, 토큰은 기존 법의 관점에서 봤을 때 어떤 '소유권'도 의미하지 않기 때문이다.

ICO는 자금 조달의 문턱을 낮춰주는 혁신적인 방식이다. 디앱은 네트워크를 통제하는 주체가 없기 때문에 일반적인 주식회사처럼 자금을 조달하기 어렵다. ICO 덕에 뛰어난 기업가와 개발자들이 디앱 개발에 뛰어들어 생태계가 발전할수 있다. 투자자 입장에서도 ICO에 참여함으로써 가치 있는 디앱에 투자가 가능하다. 그렇기 때문에 ICO 자체의 필요성에 대해서는 대부분의 사람들이 이견이 없다.

하지만 ICO는 많은 논란을 불러일으키기도 한다.

현재 토큰 생성과 ICO에는 아무런 요구 조건이나 자격 조건이 없다. 그래서 ICO에 성공하기만 하면 창업자는 시작도 하기 전에 어마어마한 현금을 보유하게 되고, 그런 상황이니 일명 '먹튀' 가능성도 있다.

또한 블록체인 전문가들은 대부분 현재 ICO 시장이 지나치게 과열되어 있다고 주장한다. ICO에 투자만 하면 대박이라는 열기가 가득해, 모든 프로젝트가 ICO를 하자마자 엄청난 속도로 수십억에서 수백억까지 모금이 된다.

ICO에 참여하려면 어떤 디앱인지 못지않게 토큰에 어떤 권리가 있는지도 잘 살펴봐야 한다. 토큰은 정하기에 따라 의미와 가치가 달라질 수 있다고 했는데, 실제로 아무런 권리도 없는 토큰을 파는 경우도 많다. 주식과 비슷할 것이라 착각하기 쉽지만, 주식과 달리 토큰은 법적인 보호를 받을 수 없다. 한국과 중국 정부가 ICO를 금지한 명분도 적절한 규제나 투자자에 대한 보호 장치가 없기 때문이다. ICO가 발달한 미국, 스위스, 싱가포르 등에서는 금지하지 않는 대신 정부가 정확한 법적 가이드라인을 구축해나가고 있다.

그렇다고 부정적으로만 볼 일은 아니다. 주식시장이 처음 생겼을 때도 혼란이 있었을 것이다. 주식이 무엇인지도 모르는 사람이 많았을 것이고, 주식과 관련된 법이나 관행이 전혀 없었을 테니 말이다. 토큰 시장도 그런 과정을 겪는 중이다. 앞으로 가치를 창출하는 디앱들이 나타나고, 정부와 블록체인 업계에서도 자체적인 규율 시스템을 구축해가다 보면 하나의 새로운 자산 시장으로 자리 잡지 않을까 짐작해본다.

이더리움의 한계

비트코인과 마찬가지로 이더리움 역시 혁신적이지만 아직 성숙하지 못한 기술이다. 실제로 이더리움에는 아직 많은 기술적 한계가 있다. 현재 우리가 쓰는 일반적인 인터넷 서비스들을 구현하려면 가야 할 길이 아직 멀다. 이더리움의 장밋빛 비전에 감탄했다면, 동시에 냉정한 현실에 대해서도 반드시 알아야 한다.

이더리움의 한계점 1: 속도와 시간당 처리량

이더리움의 가장 큰 문제는 처리 속도다. 이더리움은 1초에 평균적으로 13개의 거래를 처리하는데(출처: Ethstats.net), 이는 우리가 일반적으로 사용하는 수준의 어플리케이션을 실행하기에는 턱없이 느린 속도다. 그렇다 보니 지금보다 훨씬 더 많은 사용자를 대상으로 확장(scalable)하기 매우 어렵다.

페이스북과 같은 글로벌 서비스는 1초에 수십만 개의 요청을 처리한다. 다시 말해 페이스북 수준의 어플리케이션이 이더리움에서 돌아가려면 지금보다 수만 배는 빨라져야 한다는 의미이다.

이더리움은 단순히 하나의 앱이 아니라 수많은 어플리케이션들이 실행되는 운영체제를 꿈꾼다. 그런데 현재 속도로는 정말 간단한 어플리케이션 하나도 돌아가기 어렵다. 현재는 간단한 조건부 명령이나 인증 등의 단순한 업무에 적합한 수준이다.

처리 속도와 시간당 처리량 문제는 앞으로 이더리움의 성공에 있어 가장 시급하고 중요한 과제다. 이더리움이 꿈꾸는 것이 세계에서 가장 큰 쇼핑몰이라면, 지금은 겨우 출입구가 하나인 1층짜리 상가 수준이다. 앞으로 더 큰 매장들이 들어오고 더 많은 사람을 받으려면 건물을 증축해야 한다.

현재 이더리움 생태계는 효율적이면서도 탈중앙화 방식으로 시간당 처리량을 증가시키는 기술을 연구 중이다. 처리량 문제를 어떻게 해결하느냐는 앞으로 이더리움의 미래를 결정하는 중요한 요소가 될 것이다.

이더리움의 한계점 2: 불완전한 코드

블록체인이 제아무리 철저한 보안을 자랑한다 해도 코드를 작성하는 것은 결국 인간이다. 그리고 인간이 쓴 코드에는 항상 버그나 허점이 있을 수밖에 없다.

쓸 수 있는 코드가 제한되어 있기 때문에 예측 가능성이 높은 비트코인 블록체인과 달리 이더리움 블록체인은 제한 없이 수많은 활용 가능성을 열어둔다. 하지만 이더리움의 장점인 높은 자유도 때문에 오히려 오류 발생이 잦고 보안상으로는 허점이 생겨날 수밖에 없다. 게다가 일반적인 소프트웨어와 달리 스마트 컨트랙트에 담긴 오류나 실수는 치명적인 문제를 일으킬 수 있다. 대표적인 것이 2016년 다오(The DAO)의 해킹 사태다.

다오는 이더리움 위에서 개발된 디앱이었다. 2016년 크라우드 펀딩을 통해 천억 원에 가까운 돈을 모았다. 그러나 해킹을 당해 약 3분의 1에 해당하는 어마어마한 돈을 잃었다. 해커는 블록체인 자체가 아니라 다오가 사용하는 스마트 컨트랙트 코드에서 약점을 찾아냈다.

이더리움의 한계점 3: 불완전한 계약

한 번 기록된 내용은 절대로 되돌릴 수 없다는 블록체인의 특성이 문제가 될 수도 있다. 스마트 컨트랙트의 내용이 완벽할 수 없기 때문이다.

예를 들어, 정해진 시간까지 돈을 지급하지 못하면 벌금을 물기로 스마트 컨트랙트를 작성했다고 하자. 그런데 돈을 지급하려던 그 시간에 그만 불의의 사고가 생겨 돈을 제때 지급하지 못했다면? 보통의 계약에서는 상대방이 융통성을 발휘해 사정을 봐줄 수도 있지만 스마트 컨트랙트에서는 그런 게 통하지 않는다.

현실에는 수많은 변수와 우연이 존재하지만, 이 모든 것들을 고려해 스마트 컨트랙트에 집어넣기란 불가능하다. 그런데 돌발상황이 발생하면 스마트 컨트랙트는 정해진 코드를 자동적으로 실행하게 되고, 그 결과도 되돌릴 수가 없으니 당연히 문제가 될 수밖에 없다.

이런 상황을 보완하기 위해 스마트 컨트랙트 계약과 관련하여 법적 조정을 도와주는 서비스(Mattereum, Codeligit 등)가 등장했으나, 애초에 그 단계까지 간 것부터가 문제라고 할 수 있다.

이더리움의 한계점 4: 프라이버시

이더리움 역시 다른 탈중앙화 네트워크와 비슷하게 모든 거래 내역이 투명하게 공개된다. 하지만 이더리움 블록체인에는 받는 사람, 보내는 사람, 보내는 금액만이 아니라 다양한 계약 내용이 기록된다. 스마트 컨트랙트의 세부 사항은 어떤 계약 조건에 의해, 언제 실행되었으며, 어떤 정보를 보냈고, 어떤 스마트 컨트랙트와 연동되는지 등을 모두 포함한다.

이 정보들이 공개되면 심각한 프라이버시 문제가 발생할

수 있다. 단순 돈 거래 내역만 공개돼도 문제인데 블록체인 위에 다양한 비즈니스가 일어난다면? 각 참여자가 무엇을 샀고, 어떤 기능을 이용했으며, 얼마를 환전했고, 언제 회원 가입을 했는지 등이 전부 공개될 수도 있다.

이더리움은 프라이버시 문제를 해결하기 위해 다음 업데이트에서 거래 내역을 모두 암호화할 수 있는 알고리즘(zero-knowledge proof; 영지식증명)을 도입할 것으로 알려져 있으나, 현재까지는 상용화되지 않았다. 또한 업데이트가 된다 해도 완벽한 해결책이 될지는 지켜봐야 알 것이다.

4.
이더리움의
경쟁자들

본격적인 경쟁은 이제 시작이다

이더리움은 최초의 디앱 플랫폼으로서 엄청난 성장을 거듭했다. 하지만 레이스는 이제 시작일 뿐이다. 이더리움의 한계점을 해결하고 각자의 차별화 포인트를 내세운 디앱 플랫폼들이 계속 등장해 이더리움의 선두 자리를 맹렬히 추격하고 있기 때문이다.

하지만 이더리움의 자리를 위협하는 여러 디앱 플랫폼을 보기 전에 먼저 한 가지 강조하고 싶은 것은 '비판적 시각'이 필요하다는 것이다. 모든 디앱 플랫폼은 자신이 '차세대 블록체인'이라 주장한다. 그들의 소개만 보면 이더리움을 단숨에 뛰어넘을 것 같다. 하지만 디앱 플랫폼을 만드는 것은 매우 어렵다. 컴퓨터 공학에서 불가능한 것으로 여기는 수준의 난제를 풀어야 하는 경우도 있다.

사실 디앱 플랫폼은 이제 막 태동했으니 아직 미숙한 게 당연하다. 최근 몇 년간 블록체인 기술의 발전 속도가 어마어마하게 빠르다는 점을 감안하더라도, 현재 단계에서의 설명들은 단순히 콘셉트일 뿐 실제로 구현하는 것은 다른 문제임을 기억하자. 현실을 냉정하게 이해하고 있는 사람만이 어떤 디앱 플랫폼이 뜰지도 제대로 볼 수 있을 것이다.

디앱 플랫폼은 기본적으로 개발자, 즉 전문가를 위한 서비스다. 그래서 디앱 플랫폼의 구체적인 특성이나 메커니즘을 설명한다 해도 보통 사람에게는 외계어처럼 느껴질 것이다. 하지만 디앱 플랫폼의 경쟁력은 얼마나 쉽게, 강력한 디앱을 만들 수 있는가에 달려 있다. 그렇기에 이해할 수 없는 설명을 붙들고 씨름을 하기보다는 기본적인 콘셉트를 살펴보는 것만으로도 현재 단계에서는 충분할 것이다.

여기서는 이더리움에게 도전장을 내민 대표적인 디앱 몇 가지를 콘셉트와 특성 위주로 비교해보도록 하자.

네오(NEO)

네오는 이더리움처럼 스마트 컨트랙트를 실행시킬 수 있고, 디앱을 지원하며, 자체 토큰을 발행할 수 있게 하는 블록체인이다. 설립자는 다 홍페이(Da hongfei)와 에릭 장(Erik Zhang)이라는 중국인들이다. 이 둘은 2016년 앤트쉐어(Antshare)라는 이름으로 프로젝트를 시작했다가 2017년 네오로 이름을 바꿨다. 네오는 현재 시가총액 10위권을 지속적으로 유지하며 '중국판 이더리움'이라 불리고 있다.

사실 정부 입장에서 블록체인은 참 어려운 존재다. 돈과 상품이 오가는 네트워크이지만 정부가 아무런 통제권을 행사할 수 없기 때문이다. 정부의 눈치를 봐야 하는 기업 입장에서는 법 집행과 규제 감독이 어려운 탈중앙화 네트워크를 사용하는 것이 부담스러울 수 있다. 탈중앙화 네트워크는 태생적으로 권력 기관이 힘을 행사할 수 없도록 설계된 것이니 당연하다.

하지만 네오는 처음부터 규제 준수를 고려해, 기업이나 정부 기관이 사용하기에 꺼림칙한 특성을 최소화하여 블록체인을 설계했다. 그래서 비트코인이나 이더리움과 상당히 다른 특징을 보이는데, 대표적인 것이 디지털 ID와 북키퍼 시스템이다. 각각의 특징은 다음과 같다.

네오의 특징 1: 디지털 ID

정부는 익명 거래를 싫어한다. 그리고 기업들은 정부의 눈치를 본다.

되도록 많은 기관이 자신들을 사용하게 하는 것이 목표인 네오는 익명성을 줄이기 위해 디지털 ID를 도입했다. 네오를 사용하려면 실제 개인정보를 입력하고 디지털 ID를 만들어야 한다. 즉, 실명을 공개해야 한다. 물론 거래를 생성할 때 무조건 실명으로 해야 하는 것은 아니지만 거래 대상이 실명을 요구할 때는 자신의 ID를 공개해야 하는 것이다.

단, 네오 블록체인의 거래를 검증하는 사람들은 반드시 실명을 공개하도록 되어 있다. 따라서 정부 입장에서는 사고나 해킹 등이 일어났을 때 법 집행이 쉽고, 기업 입장에서는 정부 규제를 준수하면서 블록체인을 활용할 수 있다.

네오의 특징 2: 속도와 완료성을 보장하는 북키퍼 시스템

네오에서는 검증을 담당하는 참여자를 '북키퍼'라고 한다. 비트코인이나 이더리움이 랜덤으로 뽑는 것과 달리 북키퍼는 투표를 통해 뽑는다. 네오 토큰을 소유한 사람들은 각자 북키퍼를 뽑을 투표권을 가진다(그래서 네오 토큰은 소수점 단위로 나뉘지 않는다). 북키퍼들은 자신들끼리 '합의'를 통해 블록에 이상이 없는지를 검증한다. 북키퍼의 3분의 2 이상이 블록 내용에 동의하면 유효한 블록으로 인정된다.

이 부분이 네오가 일반 블록체인과 완전히 다른 점이다. 북키퍼 시스템은 검증 속도가 훨씬 빠르다. 모든 사람이 검증에 참여하는 것이 아니라 투표를 통해 선출된 소수의 대표들이 검증을 마치기 때문이다. 덕분에 네오는 1초에 평균 1,000개의 거래를 처리할 수 있다. 1초에 평균 13개밖에 처리하지 못하는 이더리움과 비교해 거의 100배 가까이 빠른 속도다.

또한 네오에서는 포크(fork)가 불가능하다. 포크에 대해서는 앞에서 설명했지만, 다시 한 번 간략하게 살펴보자.

비트코인 방식의 블록체인에서는 하나의 블록 뒤에 2개 이상의 '유효한' 블록이 연결될 수 있다. 따라서 만약 일부 참가자들이 현재 규칙이 마음에 들지 않으면 새로운 블록을 만들어서 갈라져 나올 수 있는데, 이것을 '하드포크'라 한다.

하지만 네오에서는 무조건 북키퍼의 3분의 2 이상이 동의해야만 새로운 블록이 연결되기에 포크가 원천적으로 불가능하다. 정치계의 정당에 비유하자면, 한 정당에서 의견 합의를 보지 못하면 새로운 당을 창당해 갈라져 나올 수 있는 우리나라와 달리 공산당 독재인 중국에서는 그럴 수 없는 것과 같다. 마찬가지로 네오 블록체인에서는 두 개의 서로 다른 체인이 동시에 존재할 수 없다. 이 특성을 '완료성(finality)'이라고 한다.

완료성은 주식시장이나 은행 업무 등 복잡하고 규제가 많은 금융 산업에서 블록체인을 도입할 때 반드시 필요한 특성이다. 네트워크가 사용자들의 선택에 따라서 쪼개지는 게 가능하다면 시스템에 심각한 오류나 실수를 일으킬 수 있기 때문이다.

북키퍼 시스템은 속도와 완료성이라는 장점을 얻는 대신 탈중앙화를 희생한다. 네오는 비트코인이나 이더리움보다 더 권력이 집중된 시스템이다. 모든 사람이 검증에 참여할 수 있는 것을 기본 철학으로 하는 비트코인이나 이더리움과 달리 몇몇 사람들이 검증 권한을 가지고 있기 때문이다.

이것은 블록체인이 가진 철학의 차이다. 좀 더 효율적이지만 중앙화된 시스템이냐, 효율성은 떨어지지만 권력이 더 분산되는 시스템이냐를 선택해야 한다. 네오는 제도권에 도입되기 위해 그중 효율성을 택한 것이다.

참고 /// 중국이라는 거대한 시장의 가능성

중국은 외국 기업의 중국 진입을 막고 자국 기업을 육성하는 전략으로 유명하다. 검색 엔진은 구글이 아닌 바이두를, 메신저는 왓츠앱이 아닌 위챗을, 이커머스는 이베이가 아닌 알리바바를 키워줬다.

중국은 한 번 기술의 잠재력을 발견하면 국가 차원에서 엄청나게 밀어준다. 재생에너지 산업이 좋은 예다. 몇 년 전까지만 해도 중국은 친환경 에너지와는 전혀 어울리는 나라가 아니었다. 하지만 재생에너지 분야에 세상의 관심이 쏠리자 그 분야의 가능성을 알아차리고 그때부터 해당 산업을 육성하기 시작했다. 그리고 현재 중국은 재생 에너지 산업에서 가장 앞서가는 나라가 됐다.

블록체인 기술과 관련해서도 중국 정부나 기업들이 육성 의지를 보인다면 네오가 그 수혜를 입을 가능성이 높다. 일단 네오의 창업 멤버들은 모두 중국인이고, 중국을 기반으로 활동하고 있다. 게다가 중국의 대기업들과의 협력 프로젝트도 많이 진행한다.

네오의 바로 뒤에는 중국의 주요 대기업들과 협력해 기업용 블록체인을 개발하는 온체인(Onchain)이라는 회사가 있다. 이미 알리바바, 마이크로소프트 등과 파트너십을 맺었고, 중국 내 블록체인 산업의 주요 기업 중 하나로 자리잡았다.

현재 중국은 암호화폐 거래소와 ICO를 법적으로 금지하고 있다. 그러나 이미 중국 내부의 기업가와 개발자들은 블록체인의 가능성을 보고 많은 시도를 하고 있다. 블록체인 기술이 점점 더 전 세계 IT 산업의 주류 기술로 떠오른다면 제2의 IT 대국인 중국은 이 기회를 놓치지 않을 것이다. 만약 중국이 블록체인 기술을 활용하려 한다면 순식간에 산업의 선두가 될 수 있는 잠재력이 있다. 그리고 그런 결정을 내린다면 '중국산'이고 '규제'가 가능하면서 여러 대기업과 파트너십을 맺고 있는 네오가 가장 좋은 선택지가 될 것이다.

이처럼 중국 정부나 기관이 블록체인을 육성하겠다는 의지를 보이면 네오의 미래 전망은 더 밝을 수밖에 없다.

퀀텀(Qtum)

퀀텀 또한 주목받고 있는 디앱 플랫폼이다. 참고로 퀀텀은 영어로는 QTUM으로 쓰고 '퀀텀'으로 읽는데, 퀀텀 네트워크 내에서 사용되는 토큰의 단위 또한 QTUM으로 쓴다. 책에서는 혼란을 피하기 위해 플랫폼은 퀀텀으로, 화폐 단위는 QTUM으로 통일한다.

퀀텀의 개발팀은 대부분 중국인으로, 본부는 싱가포르에 있다. 2017년 3월에 ICO를 통해 1,560만 달러(약 168억 원)를 모았고, 그해 9월 본 서비스를 출시하고 빠르게 성장하는 중이다.

퀀텀은 비트코인 방식과 이더리움 방식의 장점을 모두 활용하고, '작업 증명 방식'의 비효율성을 개선하려는 데서 출발했다. 이를 위해 두 가지 방식을 호환시키는 '어댑터'와 함께 '지분 증명 방식'을 도입했다.

잠시 비트코인과 이더리움의 거래 기록 방식을 살펴보자.

비트코인은 특정 계좌에 남아 있는 돈(잔고)을 따로 계산하지 않고, 오로지 주고받은 돈만 계산해 거기에서 사용하지 않은 돈만 잔고로 처리한다. 이 방식은 기록이 매우 간단해 효율성이 높고 안정적이다. 하지만 스마트 컨트랙트와 같은 추가적인 기능을 사용하는 데는 적합하지가 않다.

반면 이더리움은 각 계정의 잔고 항목을 따로 빼서 직접 기록한다(실제로는 더 복잡하지만, 이 정도만 알아두자). 그래서 스마트 컨트랙트를 자유롭게 실행할 수 있다. 대신 저장 공간이 더 필요하고, 구조가 복잡해진다.

비트코인과 이더리움의 거래 기록 방식은 각각 장단점이 있다. 비트코인은 거래를 기록하기 위한 블록체인이기 때문에 단순하고 효율적인 방식을 쓴다. 이더리움의 방식은 스마트 컨트랙트를 실행시키기 위한 블록체인이기 때문에 복잡한 대신 자유도가 더 높다.

그런데 이 2가지 방식의 장점을 둘 다 가져갈 수는 없을까? 그런 의문에서 출발한 퀀텀이 이 2가지를 결합한 방법은 다음과 같다. 비트코인 방식 블록체인 위에서 이더리움 방식의 스마트 컨트랙트를 실행시킨다.

퀀텀 블록체인은 거래가 기록되는 층(Layer)과 스마트 컨트랙트가 실행되는 층을 분리했다. 거래가 기록되는 층은 비트코인 방식을, 스마트 컨트랙트가 실행되는 층은 이더리움 방식을 쓴다. 그리고 가상의 층을 만들어 이 둘을 연결한다.

물론 퀀텀 블록체인 자체는 비트코인이나 이더리움과 전혀 별개다. 하지만 비트코인의 단순함이라는 장점과 이더리움의 스마트 컨트랙트라는 장점을 동시에 사용할 수 있다는 점에서 상당한 메리트가 있다.

덕분에 이더리움에서 개발된 앱은 쉽게 퀀텀으로 옮겨올 수 있다. 현재 대부분의 앱이 이더리움 기반임을 감안하면 호환성은 상당한 장점이다. 동시에 다른 디앱 플랫폼에 비해 용량이 적고 단순해서 사양이 낮은 기기에서도 블록체인을 저장하고 검증할 수 있다는 강점도 있다.

퀀텀이 해결하고자 했던 문제가 하나 더 있다. 바로, 비트코인과 이더리움이 사용하는 '작업 증명 방식(Proof of Work)'의 불편함이다. 이는 사람들에게 어려운 문제를 내고 가장 빨리 푼 사람(정확하게는 컴퓨터)에게 블록 생성 권한을 주는 방식이다.

앞서도 지적했지만, 작업 증명 방식은 문제를 푸는 과정에서 지나치게 많은 에너지를 써야 하고, 대형 채굴 회사들이 블록 생성을 독점할 수 있다는 단점이 있다.

만약 사람들에게 굳이 어려운 문제를 낼 것 없이 그냥 일정한 액수의 돈을 '보증금'으로 내라고 하면 어떨까? 일정한 양의 돈을 맡겨야만 검증에 참여할 수 있는 권한을 주는 것이다. 컴퓨팅 파워를 투입하는 것이 아니라 진짜 돈을 걸어 자신이 네트워크에 해를 끼치지 않을 것임을 증명하는 셈이다. 굳이 어려운 문제를 푸느라 비싼 채굴 장비와 전기료를 낼 필요가 없다.

이것이 바로 '지분 증명(Proof of Stake)' 방식이다.

디앱 플랫폼 중 퀀텀이 가장 먼저 도입한 지분 증명 방식은 기존 작업 증명 방식의 에너지 소모 문제와 채굴 중앙집중화 문제를 해결할 유력한 대안으로 주목받고 있다. 따라서 채굴을 하기 위해 거대한 장비를 사서 중국 오지로 들어갈 필요가 없다. 필요한 것은 오직 컴퓨터와 돈(QTUM)뿐이다.

⊞ Staking Calculator For QTUM

Your investment: $25,167.00
Your daily probability: 0.038003430039175
Your expected number of rewards per year: 13.87
You should expect a reward every: 26.31 days
Your expected rewards per year in QTUM: 55 QTUM
Your expected rewards per year in USD: $1.396
Yearly ROI: 5.55%

▲ 퀀텀 스테이킹 계산기(출처: qtumexplorer.io, 2018.2.25 기준)

퀀텀 소프트웨어를 설치하고 QTUM을 지갑에 옮긴 후 1,000분, 약 17시간을 기다리면 그때부터 검증할 수 있는 자격이 주어진다. 이것을 스테이킹(Staking)이라고 한다. 하지만 검증할 자격이 있다고 해서 반드시 검증을 할 수 있는 것은 아니다. 먼저 뽑기에서 당첨이 되어야 하는데, 당첨확률은 보유한 QTUM이 많을수록 높아진다. qtumexplorer.io에서 보유한 QTUM의 양을 입력하면 내가 보상받을 확률이 얼마나 되는지 알아볼 수 있다.

앞의 그림은 1,000QTUM(약 2,700만 원)을 보유했을 때의 당첨확률을 계산한 것이다. 하루에 한 번이라도 블록을 생성할 확률은 3.8%임을 알 수 있다. 예상 수익률은 약 5.5%인데, 이는 물론 QTUM의 시장가격에 따라 달라진다는 것을 염두에 두어야 한다.

참고로, 이더리움도 오래전부터 지분 증명 방식을 연구해왔고, 올해(2018년) 중 지분 증명 방식으로 전환하기로 예정되어 있다. 하지만 이더리움의 지분 증명 방식은 퀀텀의 지분 증명 방식과 약간 다를 것이다.

참고 /// 퀀텀의 'Go-mobile' 전략

현재 모바일 앱으로 비트코인 등 암호화폐를 사용해 돈을 주고받는 것은 가능하지만, 스마트 컨트랙트를 실행시키는 것은 불가능하다. 스마트 컨트랙트는 훨씬 더 많은 컴퓨팅 파워와 저장 공간이 필요하기 때문이다.

퀀텀은 비트코인 거래 기록 방식을 활용해 모바일에서도 스마트 컨트랙트를 실행 가능하게 만들겠다는 목표로 'Go-mobile' 전략을 내세웠다.

아직 구체적으로 개발되지는 않았지만, 제대로 구현된다면 퀀텀 블록체인의 강력한 차별화 포인트가 될 것이다. 모바일 앱은 디앱의 대중화에 있어 필수 요소다. 만약 스마트 컨트랙트를 모바일에서 실행시키는 데 성공한다면, 퀀텀의 큰 도약을 기대해볼 수 있을 것이다.

이오스(EOS)

2017년 6월, 이오스는 1억 8천만 달러(약 2천억 원) 규모의 자금 펀딩에 성공하면서 엄청난 스포트라이트를 받았다. 그 후로 1년간 계속 펀딩을 받았는데, 현재까지의 총합은 어림잡아 계산해도 3천억 원에 달한다.

처음에 이오스가 주목받은 이유는 창립자의 유명세 덕이 크다. 특히 CTO인 댄 라리머(Dan Larimer)는 스팀의 창립자이자 비트쉐어(Bitshare)라는 거래소를 만든 사람으로, 블록체인 업계에서는 매우 유명하다. 특히 스팀은 대표자 선출 방식을 통해 오랜 기간 정상적으로 운영되고 있으며, 현재 성공적으로 상용화에 성공한 사실상 유일한 디앱이다. 스팀의 보상 메커니즘과 인센티브 구조는 혁신적이라는 평가를 받고 있고, 스팀 기반의 SNS인 스팀잇은 벌써 사용자 수 100만 명을 넘겼다. 아직 이오스가 출시된 것은 아니지만, 이오스 지지자들은 스팀을 만들었던 댄 라리머라면 한 번 더 사고를 치지 않을까 하는 기대감을 품고 있는 것이다.

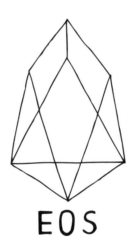

이오스는 이더리움의 제한된 거래 처리량, 분권화된 시스템에서 발생하는 의사결정의 어려움, 수수료를 계속 내야 하는 불편함을 '대표자 선출 방식'과 '전세금 방식'으로 해결하려고 한다.

아직은 공개적으로 출시되지 않은 미완성의 프로젝트이지만, 만약 약속한 것들을 모두 구현해낸다면 '이더리움 킬러'가 될 것이라는 기대를 받고 있다(아마 이 책이 출간되었을 때는 세상에 모습을 드러냈을 것이다).

이오스가 다른 블록체인들과 어떤 점이 다른지 조금 더 알아보자.

이오스의 특징 1. 대표자 선출을 통한 빠른 속도와 처리량

이오스가 내세우는 가장 큰 장점은 바로 빠른 속도와 거래 처리량이다. 이오스 블록은 0.5초에 하나씩 생성되고, 2018년 5월에 발표된 테스트 결과에 따르면 초당 1천 개 이상의 거래를 처리할 수 있다. 이더리움이 초당 13개의 거래를 처리하는 것을 생각해보면 엄청난 차이다.

이것이 가능한 가장 큰 이유는 앞서 설명한 네오와 같이 이오스가 검증자의 숫자를 제한하기 때문이다. 블록체인에서 처리 속도를 결정하는 가장 큰 변수는 바로 검증에 참여하는 사람의 수다. 이 수를 줄이면 속도를 높일 수 있다.

이오스는 누구나 블록을 검증할 수 있게 하는 것이 아니라 투표를 통해서 21명의 대표자를 뽑는다. 사용자들은 보유한 토큰에 비례해서 투표권을 받는다. 선출된 대표자들은 돌아가면서 블록을 검증한다. 수만 대의 컴퓨터가 나누어서 거래를 처리하는 것보다 21명의 참여자가 거래를 처리하는 것이 훨씬 빠를 수밖에 없다.

대표단에게 권한을 위임(delegate)하는 이런 방식을 '위임 지분 증명(Delegated Proof of Stake; DPOS)'이라고 한다.

이오스 대표자 선거가 현실 선거와 다른 점은 4년이 아니라 126초, 즉 약 2분마다 한 번씩 유권자들로부터 받은 지지율을 계산해 상위 21명의 대표자에게 검증 자격을 부여한다는 것이다. 디지털 투표이기에 가능한 방식이다.

계속해서 지지 순위는 바뀔 수 있기 때문에 21명의 대표자 외에도 약 100명의 예비 후보들이 항상 대기하고 있다. 유권자들은 언제든지 다른 대표자에게 표를 던질 수 있고, 당장 검증자가 되지 못하더라도 언제든 그 자리를 노릴 수 있다. 즉, 대표자가 유권자들의 뜻에 거스르는 행동을 하면 즉시 탄핵당할 수 있는 유동적인 투표 시스템이다.

그렇다면 대표자가 될 경우 어떤 보상을 받게 될까?

이오스는 매년 신규 발행되는 화폐 일부를 대표자들에게 보상으로 준다. 국가에서 국회의원 월급을 주는 것과 비슷하다. 받는 돈은 토큰의 가치에 따라 달라지지만, 2018년 5월 기준으로 계산해보면 1년에 약 50억 원어치의 토큰을 받는다.

대표자가 되기 위한 경쟁이 치열할 만도 하다. 대표자들은 특정 개인보다는 인지도가 있고 이오스에 이바지할 수 있는 작은 기업의 형태가 될 가능성이 높다.

이오스의 특징 2. 다양한 역할을 하는 대표자

이오스의 위임 지분 증명 방식은 빠른 속도 외에 또 하나의 큰 강점이 있다. 바로 사고가 발생했을 때의 수습이 빠르고 편리하다는 것이다.

예전에 이더리움 위의 디앱인 다오가 해킹을 당해 300억 원 상당의 이더가 해커의 계좌로 옮겨졌다. 모든 사람이 해커의 계좌도 알고 훔친 돈이라는 사실을 알고 있음에도 블록체인 위에서는 아무도 남의 돈을 건드릴 수 없으므로 그것을 되돌려놓을 방법이 없었다. 결국, 이더리움은 네트워크가 갈라지는 것까지 감수하고 하드포크를 해 블록체인 수정을 통해 그 돈을 회수했다.

이오스는 대표단에게 강력한 권한을 줌으로써 이런 상황을 방지한다. 이오스에서는 21명의 대표단 중 80% 이상이 동의하면 특정 계좌를 동결시킬 수 있고, 이미 기록된 스마트 컨트랙트의 변경도 할 수 있다. 오류나 해킹으로 인한 사고가 일어났을 때 신속하게 원상복구시킬 수 있다는 것은 큰 장점임이 분명하다(물론 의사결정권을 분산시켜야 하는 탈중앙화의 원칙에는 맞지 않을 수 있다).

그 외에도 대표자들은 개발에 필요한 다양한 자원을 제공해야 한다. 블록체인 위에서 많은 양의 데이터를 저장하거나 많은 컴퓨팅 파워를 사용하는 데는 제한이 있기 때문에 디앱 개발에 어려움이 있을 수 있다. 그래서 대표자들은 자신이 직접 데이터 저장 공간과 강력한 컴퓨팅 파워를 갖추고 개발자들에게 빌려준다. 덕분에 블록체인들이 외부 서비스 없이도 이 자원을 활용해 디앱을 만들 수 있다.

이런 서비스를 제공해야 하기 때문에 대표자는 상당한 수준의 인프라 투자가 가능해야 한다. 그래서 대표자는 개인이 아니라 하나의 작은 기업일 가능성이 높다는 것이다.

이오스의 특징 3. 수수료를 내지 않는 '전세금 방식'

이오스는 수익 모델에서도 다른 디앱 플랫폼과 큰 차이가 있다. 이더리움은 블록체인에 데이터를 기록할 때마다 사용료를 내지만, 이오스는 일정한 돈을 보증금으로 내면 그만큼의 사용량을 임대한다. 말하자면 호텔과 전세방의 차이와 가깝다. 숙박한 날짜와 서비스를 이용한 날짜만큼 계산해 돈을 내는 호텔과 달리 전세방은 전세금을 한 번 내면 정해진 기간 계속해서 그 방을 쓸 수 있다. 이더리움이 호텔이라면 이오스는 전세방과 비슷하다.

이더리움은 호텔처럼 데이터를 기록할 때마다 수수료를 받는다. 사용자로서는 서비스를 사용할 때마다 계속해서 돈을 결제해야 하니 번거롭다. 게다가 네트워크가 혼잡하면 수수료는 올라간다. 처리를 기다리는 거래가 많으면 많을수록 채굴자들이 가져가는 수수료가 높아지는 구조이기 때문이다.

반면 이오스의 경우는 단 한 번 돈을 내고 이오스 토큰을 사면 계속해서 일정량의 컴퓨팅 자원을 사용할 수 있다. 이오스가 1초에 1만 개의 거래를 처리할 수 있고 디앱 개발자가 전체 이오스 토큰의 1%를 구매했다면, 1초에 100개의 거래를 쓸 수 있다는 뜻이다. 그리고 컴퓨팅 자원이 필요 없어지면 이오스 토큰을 다시 팔아서 '전세금'을 되찾을 수도 있다.

서비스를 사용하면서 계속해서 수수료를 내야 한다는 것은 사용자 입장에서 상당히 불편하다. 블록체인 기반 SNS를 만들었는데 댓글 하나, 좋아요 하나에 계속 수수료를 내야 한다고 상상해보면 이해가 편할 것이다.

이오스의 '전세금 방식' 덕분에 사용자들은 매번 수수료를 내지 않고도 문제없이 디앱을 사용할 수 있어 사용자 편의성이 훨씬 높아진다. 물론 처음에 큰돈이 필요하고, 사용자들이 돈을 부담하지 않으므로 디앱 개발자들이 전세금을 다른 방식으로 조달해야 한다는 단점도 있다.

이오스는 이더리움 킬러가 될 수 있을까?

대부분 프로젝트와 마찬가지로 이오스도 아직은 계획일 뿐이므로 이오스의 미래 가능성을 단정하기는 어렵다. 게다가 대표자 선출 방식으로 분권화 요소를 줄인 이오스에서 권력의 중앙집중화가 일어날 것이라는 우려도 있고 토큰 개수에 비례한 투표 방식이 '금권 선거'를 유발할 가능성도 제기되고 있다.

하지만 현재 디앱 개발의 가장 큰 화두는 처리 속도와 수수료 문제다. 따라서 정말로 이오스가 약속했던 모든 기능을 구현해서 나타난다면 디앱 플랫폼의 경쟁 판도에 큰 변화가 일어날 것이다. 그때 이오스는 '이더리움 킬러'라는 별명이 허세가 아니었음을 증명하게 될지도 모른다.

참고 /// 이오스 멀티버스-이오스 기반 블록체인들의 경쟁 시스템

블록체인은 오픈 소스이다. 누구든지 소스 코드를 가져가 수정해서 소프트웨어를 배포할 수 있다는 뜻이다. 하지만

블록체인에서 중요한 것은 사람들이 무엇을 '진짜'로 믿느냐 하는 것이다.

일반적인 블록체인 프로젝트는 개발팀이 소프트웨어를 개발한 뒤에, 실제로 블록체인을 구성하고 참여자들을 모은다. 예를 들어 이더리움의 경우 개발자인 이더리움 재단이 이더리움 블록체인을 최초로 생성했고, 이 체인이 진짜 이더리움으로 인정받는다.

그러나 이오스의 경우는 신기하게도 이오스 소프트웨어를 개발한 블록원(Block.one)이라는 회사에서는 코드만 공개하고 실제로 이를 사용해서 블록체인을 구성하지는 않는다. 개발 주체와 상용화 주체를 분리한 것이다. 개발팀은 실제 블록체인의 구성과 운영에 관여하지 않는다. 따라서 이오스 소프트웨어를 사용한 블록체인들 중에서 어떤 것이 '진짜 이오스 블록체인'으로 인정받는지는 온전히 이오스 개발자와 사용자에게 맡겨진다.

블록원이 이오스 소프트웨어를 공개하면 다양한 주체들이 이 코드를 가져와 자신들의 블록체인을 구성한다. 이 블록체인들은 같은 뿌리에서 나왔지만 고유한 토큰 검증자와 디앱을 가진다. 비트코인, 비트코인 캐시, 비트코인 골드가 모두 같은 소프트웨어에서 출발했지만 별도의 블록체인인 것과 마찬가지다.

다만 이오스 소프트웨어를 기반으로 하는 블록체인들끼리는 호환성이 보장된다. 시스템 내부에 서로의 토큰을 교환할 수 있는 기능이 있고, 검증자들도 다른 체인으로 소속을 바꿀 수 있으며, 다른 체인의 디앱이 옮겨 올 수도 있다. 그래서 이오스 생태계 내의 사용자, 개발자, 투자자들은 자신에게 적합한 플랫폼을 찾아 옮겨 다닐 수 있다. 이를 통해 각자의 장단점을 가진 이오스 기반 블록체인들이 생겨나고, 사용자와 개발자, 투자자의 선택을 받기 위해서 서로 경쟁하게 된다. 이오스는 이처럼 여러 개의 체인이 공존하는 멀티버스(Multiverse)를 목표로 하고 있다.

카르다노(Cardano)

주목받고 있는 디앱 플랫폼 중 하나인 카르다노는 철저한 학문적 검증을 중시하는 곳이다. 르네상스 시대 수학자 제롤라모 카르다노(Gerolamo Cardano)의 이름을 딴 플랫폼 명과 컴퓨터의 개념을 처음으로 고안해낸 19세기 영국 여성 수학자 에이다 러브레이스(Ada Lovelace)의 이름에 착안한 토큰 이름(ADA, 에이다)에도 이러한 기조가 잘 드러난다.

　　인터넷을 통해 자신들의 백서(white paper)를 배포하고 펀딩을 받는 대부분의 블록체인 프로젝트와 달리, 카르다노에 사용된 모든 기술은 세계 각 대학의 연구자들에게 심사를 받았다. 학술지에 논문을 실을 때 논문의 수준을 평가하기 위해서 관련 분야의 연구자들이 미리 논문을 읽고 평가하는 것을 '학술 논문 심사(Academic Peer Review)'라 하는데, 카르다노의 모든 기술은 이 과정을 거친다. 즉, 카르다노는 학술 논문 심사를 거친 최초의 블록체인이다.

　　많은 블록체인 프로젝트의 기술이 이론적 완성도가 떨어지고, 거래 처리량이 제한적이며, 스마트 컨트랙트에 항상 버그와 오류의 위험이 있다. 이런 문제를 해결하기 위해 블록체인을 설계할 때부터 학술 논문 심사를 거치는 것이다. 또한 이런 과정을 통해 검증된 위임 지분 증명 방식과 형식 검증이 가능한 하스켈(Haskell) 언어를 도입했다.

다음은 창립자인 찰스 호스킨슨(Charles Hoskinson)의 말이다.

"진짜 학자들처럼 일을 해봅시다. 관련 분야의 전문가들과 제대로 된 백서를 만들고, 철저하게 심사하고, 실제로 행해보고, 반복해서 고치고, 사람들의 의견을 반영합시다. 이것이 카르다노 프로젝트의 제1원칙입니다. 높은 수준의 코드를 다루는 엔지니어이자 동시에 훌륭한 연구자를 목표로, 오랫동안 학자들(academics)이 지켜왔던 방식으로 일해봅시다."

많은 사람이 카르다노의 기본 정신에 동의했고, 창업자의 높은 명성까지 더해 카르다노는 2017년 ICO를 통해 6,300만 달러를 펀딩받았다. 그리고 아직 완성 버전이 출시되지 않았음에도 불구하고 시가총액 기준 Top 10 안에 이름을 올리고 있다.

앞서 말했듯이, 모든 사람이 아닌 지정된 소수가 맡게 되면 블록을 검증하는 속도가 빨라진다. 카르다노 또한 이더리움의 속도 문제를 해결하기 위해 대표단을 뽑는 방식을 도입했다.

하지만 네오나 이오스와 달리 카르다노는 투표로 대표를 뽑지 않는다. 대신 ADA를 일정 기간 보유한 사람 중에서 랜덤하게 대표단이 선출된다. ADA를 많이 보유할수록 대표단으로 뽑힐 확률도 높아진다. 이렇게 뽑힌 대표단은 한 번씩 돌아가면서 블록의 검증을 맡는다. 일정 기간이 지나면 이 대표단은 해체되고 새로운 대표단을 뽑는다.

카르다노 식의 위임 지분 증명이 실제 어느 정도의 속도를 낼 수 있을지는 아직 알 수 없으나, 이 방식으로 카르다노는 이더리움보다 훨씬 빠른 속도를 구현하는 것을 목표로 하고 있다.

카르다노가 계획 중인 대표단을 중심으로 한 의사결정 시스템은 대시의 거버넌스 시스템과 유사한 면이 있다. 특정 사용자나 개발자가 어떤 수정이나 변경에 대해 제안하면 대표자들이 투표를 통해 결정하는 것이다. 이런 장치가 있으면 네트워크의 규칙에 대한 의견이 일치하지 않아도 하드포크를 하지 않고 규칙을 변경할 수 있다.

카르다노 블록체인은 블록이 생성될 때마다 보상의 일부(정확한 수치는 미정)를 내부 예산에 배정한다. 대표자들이 투표로 지지한 프로젝트는 이 내부 예산에서 필요한 자금을 지원받는다.

또한 스마트 컨트랙트에 포함될 수 있는 실수나 오류는 이더리움의 중요한 문제점 중 하나였다. 카르다노는 이 문제를 보완하기 위해 '하스켈'이라는 개발 언어를 쓴다.

수학적·컴퓨터 공학적으로 매우 엄밀한 언어로 알려진

하스켈은 오류나 버그에 대한 민감도가 매우 높아 코드에 조금이라도 오류의 소지가 있으면 실행되지 않는다. 따라서 스마트 컨트랙트에 불완전한 코드가 담길 가능성을 줄여준다.

또한 하스켈 코드는 수학적으로 오류 없음을 증명할 수 있다. 이를 '형식 검증'이라고 하는데, 쉽게 말해 버그를 줄여주는 방법 중 하나다. 코드를 쓰는 것이 사람이니 오류와 실수를 잡아내는 것도 결국 사람이 해야 하지만, 형식 검증은 최대한 완성도 있는 코드를 쓸 수 있게 도와준다.

하지만 하스켈은 사용이 매우 어려운 언어로도 유명해 실제로 사용하는 프로그래머가 드물다. 그래서 카르다노 위에서 개발을 하려면 하스켈을 새로 배워야 하는 부담이 생긴다.

참고 /// 개발 속도와 타이밍

카르다노의 기본 원칙은 '철저한 학문적 검증'이다. 일단 빠르게 만들고 실험해보는 해커 마인드보다는 철저하게 연구하고 검증하는 학자 마인드에 가깝다. 세상의 수많은 서비스가 디앱 플랫폼 위에서 구현되게 하려면 이 정도의 철저함은 있어야 한다는 입장이다.

카르다노의 원칙과 기술력에 대해서는 많은 사람이 인정

한다. 하지만 카르다노의 개발은 초기 단계로, 아직 갈 길이 멀다. 현재는 앞서 말한 대표자 선출이나 스마트 컨트랙트 기능을 지원하지 않는데, 속도보다 철저한 검증을 중시하는 카르다노의 기조로 미루어 빨라도 1~2년은 걸려야 완성 가능할 것으로 보인다. 즉, 그때까지는 카르다노 위에 아무런 스마트 컨트랙트나 디앱이 없다는 뜻이다.

하지만 이더리움은 스마트 컨트랙트를 2015년부터 지원했고, 벌써 천 개가 넘는 디앱을 가지고 있다. 그리고 또 다른 경쟁자인 이오스가 2018년 6월에 출시될 예정이다. 이런 상황에서 카르다노가 과연 후발주자의 불리함을 극복할 수 있을지에 대한 우려의 시선이 있다.

물론 개발에 성공한다면 카르다노는 이더리움과 이오스의 여러 한계점을 개선할 수 있다. 그러나 이더리움과 이오스라고 그동안 손 놓고 있지는 않을 테니, 당연히 계속해서 개선하고 발전할 것이다.

폭발적인 속도로 발전하는 블록체인 산업에서 1~2년은 치명적일 수 있다. 어쩌면 카르다노가 완전히 출시될 무렵이면 이더리움이 문제점을 상당 부분 개선했거나 이오스가 대부분의 디앱을 점유했을지도 모른다. 그래서 타이밍이 상당히 중요하다.

카르다노는 현재 2018년 2분기에 위임 지분 증명 시스템을, 2019년에 스마트 컨트랙트 기능을 출시할 예정이다. 카르다노의 미래는 개발 진척 상황과 출시 타이밍에 달려 있다고 볼 수 있다.

cardanoroadmap.com에서 카르다노의 개발 계획과 진행 상황을 살펴볼 수 있다.

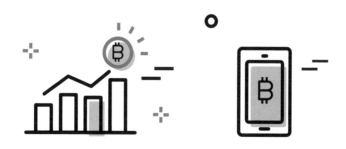

3장

프라이빗
블록체인과
리플

1.
프라이빗
블록체인

기업에게 맞는 블록체인은 따로 있다

기업들은 다양한 기업용 IT 시스템을 사용한다. 결제와 정산, 재고 관리, 거래처 관리, 프로젝트 관리 등 기업의 활동 대부분이 기업용 시스템을 통해 운영된다. 이런 시스템을 전문적으로 개발해주는 기업도 있고, 국내의 시장 규모만 해도 10조 원이 넘는다.

비트코인과 이더리움의 등장 후 블록체인 기술이 주목받으면서 기업들 또한 자신들의 IT 시스템에 블록체인을 활용하려는 움직임이 활발해졌다. 기업들은 새로운 기술 트렌드를 절대 놓치지 않으려 한다. 특히 암호화폐 기술과 밀접하게 관련된 금융 기관들은 이미 오래전부터 블록체인 관련 기술 적용에 관심을 가지고 연구해왔다.

하지만 블록체인을 기업용 시스템에 활용하는 데는 여러 가지 문제가 있다.

가장 먼저 프라이버시 문제를 들 수 있다. 당연한 이야기지만, 기업은 개인보다 훨씬 더 프라이버시에 민감할 수밖에 없다. 기업들이 주고받는 거래 내역이나 데이터는 기업의 기밀인 경우가 많다. 그런데 블록체인 위에서 이런 정보들을 주고받는다는 것은 만천하에 기업의 내부 정보를 공개하는 것과 다름없다. 이는 특히 고객들의 자산과 같은 금융 정보를 다루는 기관들에 있어 치명적이다.

거래 상대방이 대부분 익명이라는 점도 문제다. 특히 금융 산업은 상대방의 신원을 반드시 파악하고 실명으로 거래하도록 법으로 정해져 있기 때문에 블록체인을 기반으로 한 시스템을 활용하기 어렵다. 게다가 블록체인 기반 시스템은 만약의 상황이 발생할 시 계좌를 동결시키거나 이체를 취소하는 등의 조치도 불가능하다.

그에 못지않게 중요한 문제가 거래 처리 속도다. 기업 중에는 초당 수천 건의 거래가 이루어지는 경우도 있다. 하지만 블록체인은 아직 그 정도로 빨리 거래를 처리할 수가 없다.

사실 이 문제점들은 모두 블록체인 내에서는 기업이 다른 개인들 이상의 영향력을 가질 수가 없다는 사실에 기인한 것이다. 기업은 통제할 수 없는 시스템을 꺼린다. 그런 의미에서 블록체인은 태생적으로 기업에 맞지 않는 기술이다.

우선 블록체인의 목표를 생각해보자. 블록체인은 기업들이 중개하는 중앙화 네트워크에서 벗어나 단일 주체가 권력을 갖지 않고 네트워크가 운영되도록 만드는 기술이다. 기업용 시스템과 비트코인 또는 이더리움 같은 블록체인은 근본적으로 철학 자체가 맞지 않는다. 이런 상황에서 기존의 블록체인 기술을 수정해 기업 시스템에 적합하도록 만든 블록체인이 바로 '프라이빗 블록체인'이다.

프라이빗 블록체인이 일반적인 '퍼블릭 블록체인'과 다른 점은, 운영 주체가 사용자들에게 권한을 부여할 수 있다는 것이다. 모든 컴퓨터가 장부를 분산 저장하고 검증해 동기화하는 기본적 원리는 같지만, 사용자들이 무엇을 할 수 있고 무엇을 할 수 없는지는 운영 주체가 결정할 수 있다.

물론 퍼블릭 블록체인도 사용자들의 권한이 설정되어 있다. 하지만 이는 합의된 규칙에 의한 것이고, 특정 주체가 결정할 수는 없다.

예를 들어 인터넷 카페 중에도 누구나 가입하면 바로 이용 가능한 곳이 있고 운영진의 승인을 받아야만 글을 쓰거나 읽을 수 있는 곳도 있다. 또한 회원 등급별로 권한을 정해두기도 한다. 누구나 들어와서 자유롭게 활동하는 카페가 퍼블릭 블록체인이라면, 운영진이 회원들의 권한을 설정할 수 있는 카페는 프라이빗 블록체인이다. 그래서 프라이빗 블록체인은 허가형 블록체인(permissioned blockchain), 퍼블릭 블록체인은 무허가형 블록체인(permissionless blockchain)이라 부르기도 한다.

운영자가 권한을 설정할 수 있게 되면 기업 시스템에 블록체인을 도입할 때 생기는 많은 문제가 해결된다. 먼저 프라이버시 문제와 익명성 문제의 해결이 가능하다. 예를 들어 특정 사용자들에게만 거래를 볼 수 있는 권한을 설정해 프라이버시 문제를 해결할 수 있고, 본인 인증을 통해 신원을 밝힌 사람만 거래가 가능하도록 설정할 수도 있다. 이런 식으로 권한을 설정함으로써 불특정 다수에게 정보를 노출하지 않고 거래 상대방의 신원을 파악하는 것도 가능하다.

속도 문제도 해결된다. 퍼블릭 블록체인이 한 번에 많은 거래를 처리하지 못하는 이유는 매 블록마다 검증할 사람을 뽑고 그 사람이 정직하게 행동하도록 만드는 안전장치로서의 과정이 필요하기 때문이다.

프라이빗 블록체인은 몇몇 정해진 사람만 검증에 참여

하도록 제한해 문제를 해결한다. 프라이빗 블록체인은 검증할 사람을 무작위로 뽑지 않고, 신뢰할 수 있는 참여자를 따로 지정해 검증을 맡긴다. 복잡한 안전장치 과정이 없으니 빠르면 초당 수천 개의 거래를 처리할 수 있다.

또한 프라이빗 블록체인은 기업 간 협력 비용도 낮춰준다. 비록 운영 주체가 권한을 부여할 수 있게 만들었으니 탈중앙화된 네트워크는 아니지만, 데이터가 네트워크에 분산 저장되므로 기존의 중앙화된 서버 방식보다는 분산된 형태다. 그래서 탈중앙화된 블록체인과 중앙화 서버의 중간쯤이라고 볼 수 있다. 둘 중 어느 쪽에 더 가까운지는 각 블록체인마다 다르지만, 어느 한쪽으로 완전히 쏠린 경우는 없을 것이다.

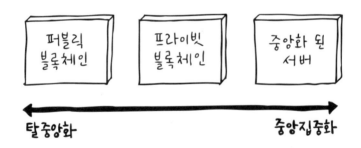

▲ 탈중앙화와 중앙화의 중간, 프라이빗 블록체인

사실 기업들이 블록체인을 도입하는 이유는 기업들끼리 효율적으로 협력하기 위해서다. 기업 간에 정보를 주고받으며 협력해야 하는데, 만약 그 정보의 신뢰도가 매우 중요한 경우나 협력 수준이 높을 때라면 상대 기업에 대한 신뢰가 더욱 중요해진다. 대부분 이럴 때는 양쪽 기업의 신뢰를 보증하는 중개 기관을 두게 된다.

예를 들어 고객과 온라인 거래를 할 때 고객의 본인 인증을 거친다. 이 작업을 모든 기업이 각자 할 수는 없으니 금융회사에 의뢰하게 되는데, 이때 그 금융회사를 신뢰할 수 없다면 당연히 그 인증 자체를 믿지 못할 것이다. 고객 입장에서는 한 곳에서 인증을 받았어도 거래하는 기업이 이를 받아들이지 않는다면 다른 곳에서 다시 인증을 받아야 하는 불편함이 생긴다. 기업과 금융회사 간에 신뢰가 없기 때문에 시스템 호환이 되지 않는 것이다.

그래서 인증서 발급은 정부에게 인정받은 기관이 전담하게 된다. 이런 기관을 통해 발급받은 인증서가 공인인증서다. 중앙 기관은 공인인증서의 발급과 보증을 담당하고, 각 금융회사는 모두 이 기관을 거쳐 고객 본인 확인을 해야 한다. 고객이 공인인증서를 보여주면 은행은 그 인증서 정보를 중앙 기관에 보내 조회를 한다. 중앙 기관은 그 정보에 대한 신뢰를 보증해준다. 금융회사는 이 고객을 신뢰하고 거래를 할 수 있고, 고객은 다른 금융 기관에 가서도 이 공인인증서로 인증을 할 수 있다.

금융회사들은 신원을 조회할 때마다 일정한 비용을 낸다. 기업 간 신뢰가 없기 때문에 중앙 기관을 거치면서 추가 비용이 발생하는 것이다. 만약 중앙 기관을 거치지 않고 기업끼리 서로를 신뢰할 수 있다면 이런 비용은 발생하지 않는다.

이것이 바로 프라이빗 블록체인의 가치다. 상대방 기업에 대한 신뢰는 없더라도 블록체인에 기록된 정보는 믿을 수 있을 테니, 기업들이 같은 프라이빗 블록체인으로 연결된다면 중앙 기관의 신뢰 보증이 필요 없어진다. 훨씬 더 저렴한 비용으로 쉽게 믿을 만한 정보를 주고받을 수 있는 것이다.

즉, 프라이빗 블록체인은 기업 간 협업에서 중개자를 제거해 더 적은 비용으로, 더 많은 기업과 '협력'하기 위한 시스템이라고 할 수 있다.

프라이빗 블록체인 vs 퍼블릭 블록체인

프라이빗 블록체인과 퍼블릭 블록체인은 언뜻 보기에는 비슷할지 몰라도 따지고 보면 구조나 특성에 큰 차이가 있다.

우선 목표 자체가 근본적으로 다르다. 프라이빗 블록체인은 협력의 '효율화'에, 퍼블릭 블록체인은 협력의 '탈중앙화'에 초점이 맞춰져 있다.

프라이빗 블록체인은 기존 중앙화 방식의 효율성을 그

대로 유지하면서 블록체인이 가지는 '신뢰 보증'의 장점만 빌려온 시스템이다. 성능 면에서는 프라이빗 블록체인이 당연히 실용적이지만, 여전히 운영 주체에 대한 신뢰가 필요하다.

블록체인의 원래 목표인 탈중앙화를 포기했다는 점 때문에 프라이빗 블록체인에 비판적인 사람들도 있다. 혹자는 프라이빗 블록체인이라는 이름부터 잘못됐다며 단순히 새로운 데이터베이스 기술에 불과하다고 말하기도 한다. 또는 퍼블릭 블록체인의 성능이 발전하면 결국 프라이빗 블록체인까지 흡수할 수밖에 없다고 주장하기도 한다.

현실적인 관점에서 실용성이 있는 프라이빗 블록체인을 먼저 도입하고, 나중에 이들을 서로 연결하는 또 하나의 블록체인을 만든다는 계획을 가진 사람도 있다. 이를 '인터체인 프로젝트'라고 한다. 둘 중 어떤 쪽이 현실화될지는 사용자들의 선택에 달려 있다.

프라이빗 블록체인의 특징 중 하나는 대부분 암호화폐(토큰)를 쓰지 않는다는 것이다. 가장 유명한 프라이빗 블록체인은 R3라는 회사의 코다(Corda), 하이퍼레져(Hyperledger) 재단의 패브릭(Fabric) 등이 있는데, 모두 자체 화폐가 없다.

퍼블릭 블록체인 내에서 토큰은 다양한 사람들이 검증에 참여하기 위한 유인을 제공하여 무임승차(free-riding)를 방지하는 자산이다. 반면 프라이빗 블록체인은 이미 검증을 맡길 특정 주체가 있기 때문에 인센티브가 필요 없다. 프라이빗 블록체인의 검증과 유지는 참여 기업들이 나눠서 담당한다. 기업들은 프라이빗 블록체인으로 절약되는 비용만으로도 충분히 검증에 참여할 유인이 있기 때문이다.

2.
리플(Ripple)

리플, 은행을 위한 블록체인 기술

2018년 3월 22일 현재, 리플은 비트코인, 이더리움 다음으로 시가 총액이 높은 블록체인이다. 그래서 암호화폐 시장에 대해 잘 몰라도 리플의 이름은 들어본 사람이 많다. 하지만 잘 알려진 동시에 오해도 많다. 오해의 대부분은 리플을 비트코인과 같은 범주로 분류하는 데서 생긴다.

리플은 비트코인이나 이더리움과는 매우 다른 기술이다. 기본적으로 해외 송금 업무가 필요한 금융기관(대부분은 은행이므로 여기서는 편하게 은행으로 통일)이 편리하게 해외 송금을 할 수 있게 해주는 블록체인이다. 리플에는 채굴자도 없고, 새로운 화폐의 발행도 없으며, 심지어 '블록'도 없다. 리플은 프라이빗 블록체인이기 때문이다.

참고 /// 리플에 관한 용어 정리

흔히 리플 블록체인을 공유하는 네트워크와 이를 개발하는 리플 사(社) 모두 리플이라고 부른다. 하지만 엄밀히 말하면 둘은 다르다. 이 책에서는 리플의 블록체인을 공유하는 네트워크는 리플, 리플 사(社)는 리플사로 칭한다. 또한 흔히 '리플 코인'이라 불리는 리플의 암호화폐는 'XRP'로 표기하겠다.

'금융 기관의 개입이 없는 새로운 화폐 시스템'을 목표로 하는 일반적인 암호화폐와는 정반대로 은행들이 겪는 문제점을 해결하고 효율성을 높여주는 리플은 협력의 효율화를 위한

프라이빗 블록체인이다.

리플의 기능을 이해하기 위해 먼저 은행들이 어떤 문제를 겪고 있는지 알아보자.

첫째, 은행 간 거래는 지급-청산-결제 단계를 거친다.

A라는 사람이 같은 은행을 사용하는 B에게 10만 원을 보낸다고 해보자. 같은 은행을 사용하므로, 은행은 단순히 장부에다 A 계좌에 '-10만 원', B 계좌에 '+10만 원'을 기입하기만 하면 된다. 전체 예금의 양은 변함이 없고, 작업도 간단하다.

하지만 똑같은 10만 원을 보낸다 해도 A와 B가 서로 다른 은행을 이용하는 경우 상황이 복잡해진다. 두 은행은 상대 은행의 장부를 건드릴 수 없기 때문이다.

이런 식의 은행 간 거래는 하루에도 수천, 수만 번 일어날 수 있는데, 그때마다 매번 맞는 정보인지 확인하고 돈을 주고받으려면 너무 복잡하다. 그래서 은행 간 거래는 지급-청산-결제 단계를 분리한다.

은행 역시 곧바로 돈을 주고받는 대신 서로 얼마를 주고받아야 하는지 정보만 기록해놓는다(지급 단계). 그리고 나중에 실제 얼마나 빚졌는지를 계산하고(청산 단계), 일정 기간에 모아서 한 번씩 돈을 주고받아 정산한다(결제 단계). 은행들은 모두 한국은행이라는 동일한 은행에 계좌가 개설되어 있어서 하루에 한 번씩 한국은행을 통해 서로 주고받은 돈을 '청산'하고 '결제'하는 것이다.

둘째, 은행 간 해외 송금 시 발생하는 비효율

서로 잘 모르고 시스템도 연결되어 있지 않은 해외 은행과 거래할 때가 가장 문제다. 이 경우 보통은 '중개 은행'을 통해 거래한다. 상대방 은행을 알고 있는 중개 은행과 나를 알고 있는 중개 은행을 통해 돈을 주고받는 것이다. 일반적으로 '국내 은행─국내 중개 은행─외국 중개 은행─외국 은행' 같은 경로를 거친다. 많은 중개 단계를 거치기 때문에 지급부터 최종 결제에 이르기까지 시간이 오래 걸리고, 그 시간만큼 돈은 묶여 있게 된다. 은행 입장에서는 그만큼 손해다.

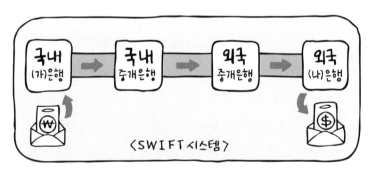

▲ 해외 송금 시스템 구조

중개를 할 때 일관된 형식을 유지하기 위해 사용하는 이런 시스템을 SWIFT(국제은행 간 통신협정)라고 한다. SWIFT 시스템은 사용할 때마다 수수료가 발생하고, 중개 단계가 늘어날수록 수수료도 늘어난다. 해외 송금 수수료가 비싼 이유는 대부분 이 SWIFT 사용료와 중개 은행이 떼 가는 수수료 때문이다.

즉, 서로 다른 나라에 있는 은행과 거래를 할 때는 여러 중개자를 거쳐야 하고, 이 과정에서 많은 비용이 발생한다.

SWIFT를 대체하는 리플

현재 해외 송금 시스템이 SMS 메시지라면 리플은 단톡방과 비슷하다. SMS는 전화번호를 모르는 상대방(모르는 은행)에게는 메시지를 보낼 수가 없다. 이때는 상대방 전화번호를 알고 있는 사람(중개 은행)에게 부탁해 메시지를 전해달라고 부탁해야 한다. 전달 과정에서 시간도 오래 걸리고, 대신 전달해준 사람에게 사례도 해야 한다. 반면 같은 단톡방 안에 있는 사람끼리는 서로 번호를 몰라도 자유롭게 소통할 수 있다.

이렇게 단톡방을 개설하듯 리플 네트워크에 여러 은행들을 가입하게 해, 서로 중개 은행을 거칠 필요 없이 각자의 IT 시스템을 리플 블록체인과 연결하여 은행 간 거래를 처리하게 한다. 그래서 리플 네트워크는 국경에 구애받지 않고, 10초 이 내에 거래 하나를 처리할 수 있어 기존의 2~10일 걸리던 결제(settlement)에 비해 훨씬 빠르다. 또한 각 은행별로 처리하던 중개 업무를 자동화하므로 비용 측면에서도 큰 장점이 있다.

리플 블록체인이 이토록 빠르게 거래를 처리할 수 있는 이유는 리플 네트워크가 프라이빗 블록체인이기 때문이다.

'거래를 기록하는 장부' 역할을 하지만, 리플과 비트코인의 구조는 전혀 다르다. 그 차이는 다음과 같다.

첫째, 리플에는 '채굴 경쟁'이 없다.
리플은 거래를 검증할 사람이 미리 지정되어 있다. 그러니 복잡한 문제를 내서 경쟁시킬 필요가 없다. 또한 검증 과정도 훨씬 간단하다. 그저 검증자 대다수가 동의하는 것만으로 거래가 처리되기 때문이다. 많은 컴퓨팅 파워도 필요 없고, 거의 실시간으로 거래가 기록된다. 즉, 리플은 탈중앙화를 위한 장치를 없애고, 검증할 사람을 미리 지정함으로써 훨씬 더 빠르고 효율적으로 거래를 처리한다.

둘째, 리플에는 '인센티브'가 없다.
비트코인에서 BTC라는 토큰은 인센티브 역할을 한다. 채굴자들이 경쟁을 하게 만들려면 보상이 있어야 하기 때문이다. 그러나 리플에는 그런 경쟁 시스템도, 경쟁을 지속시키기 위한 보상 체계도 없다. 리플의 화폐 단위인 XRP는 거래를 검증하는 사람들에게 보상으로 주어지지 않고, 신규 발행도 없으며, 거래 수수료를 떼어서 검증자들에게 주지도 않는다. 이것이 BTC와 XRP의 가장 큰 차이점이다. XRP는 인센티브가 아니라 단지 '화폐 단위'다. 바꿔 말하면 리플 네트워크는 XRP가 없어도 얼마든지 유지될 수 있다.

리플사는 공식적으로 자신들이 리플의 검증자를 지정하지 않는다고 말하지만, 사실상 지정한 것과 같다. 우선 누구나 리플의 검증자 '후보'로 등록은 할 수 있지만, 아무런 보상이 주어지지 않는 검증에 사람들이 참여할 유인이 없다. 검증자 후보가 있더라도 사용자들이 직접 선택을 해줘야 검증자가 될 수 있는데, 사용자들이 굳이 새로운 검증자를 선택할 이유가 없다. 왜냐하면 우선 리플사가 리플의 기본 설정 자체를 자신들이 운영하는 검증자들로 지정해 놓았고, 이외의 다른 검증자를 설정할 경우 자신들이 책임질 수 없다는 문구를 걸어 놓았기 때문이다. 그래서 사실상 리플사가 검증에 대한 권한을 가지고 있는 것과 같다.

셋째, 리플에는 '블록'도 없다.

비트코인에서는 '블록'을 나누어 매번 새로운 검증자를 뽑았다. 하지만 리플에서는 이미 정해진 검증자들이 있으니 계속 생성되는 거래들을 하나씩 순서대로 검증하기만 하면 된다. 굳이 블록 단위로 나눌 필요가 없다.

실제 리플 블록체인을 들여다보면 '블록들이 연결된 구조(Blockchain)'가 아니라 그저 길게 연결된 거래 목록이다. 밑으로 끊임없이 늘어나는 엑셀 시트를 생각하면 된다. 그래서 리플사는 '리플 블록체인' 대신 '리플 분산 원장'이라는 용어를 쓰지만, 여기서는 리플 블록체인으로 용어를 통일하겠다.

넷째, 탈중앙화 대신 효율성을 선택했다.
'특정 주체가 운영하지 않는 화폐 시스템'이 목표인 비트코인은 이를 지켜내기 위해 효율성을 포기하고 복잡한 장치들을 고안해야 했다. 반면 '은행 간 거래를 효율화하는 시스템'이 목표인 리플에게는 탈중앙화보다 효율성이 중요하다. 그래서 리플은 실시간으로 거래를 처리할 수 있고, 컴퓨팅 파워도 적게 들며, 채굴자도 필요 없는 효율성을 택했다.

리플 수표

리플에는 자체 화폐인 XRP 외에도 IOU(I Owe You)라는 '리플 수표'도 있다. 이 리플 수표를 사용하면 원화, 달러화 혹은 비트코인 등 다양한 화폐를 리플 위에서 거래할 수 있다.

리플에는 '게이트웨이'라는 내부 거래소가 있다. 게이트웨이는 실제 원화나 달러 등을 받고 디지털 수표를 발행해준다. 이 수표는 정확히 말하면 화폐가 아니라 '차용증'이다. '내가 여기에 적혀 있는 만큼의 돈을 줄게'라는 약속이다. 진짜 돈은 아니지만 돈처럼 사용될 수 있고, 리플 네트워크에서 주고받을 수 있다. 이는 은행의 수표 발행 방식과 같은데, 리플에 참여하는 대형 은행들이 게이트웨이로 활동하기도 한다.

만약 내가 리플 네트워크를 통해 100만 원을 송금하고 싶다고 해보자. 이 경우 나는 A라는 게이트웨이에 가서 내가 가진 100만 원을 맡긴다. 게이트웨이는 100만 원을 원화로 받고 그만큼의 금액을 리플 수표로 발행해준다. 내 리플 계좌에는 '100만 원(발행자 A)'이라 쓰인 수표가 생긴다. 나는 이 수표를 다른 리플 계좌로 보낼 수도 있고, 실제 돈처럼 리플에서 결제 수단으로 사용할 수도 있다.

이런 식으로 수표는 여러 사용자를 거칠 수 있다. 최종적으로 수표를 원화로 바꾸고 싶은 고객은 A 게이트웨이에 가서 이 수표를 내고 100만 원을 요구하면 된다. 그러면 A 게이트웨이는 100만 원을 이 사람에게 지급해준다.

이런 방식으로 리플 내에서는 원화, 달러, BTC 등 다양한 종류의 화폐들을 모두 수표로 바꿔서 거래할 수 있다.

그렇다면 비트코인 블록체인은 이토록 유용한 수표를 왜

발행하지 않을까?

　이는 비트코인 내의 보상 체계 때문이다. BTC가 사용자들이 참여하도록 유인하는 인센티브가 되기 위해서는 비트코인 네트워크 사용자가 늘어날 때 비트코인의 가치도 올라가야 하는데, 리플과 같은 수표 방식을 사용하면 BTC가 아닌 화폐로 표시가 되기 때문에, 네트워크의 가치와 연동되지 않는다.

그렇다면 XRP는 어디에 쓰는 걸까?

인센티브 역할도 아니고, 돈을 주고받는 것 역시 수표를 통해 가능하다면, 도대체 리플의 화폐인 XRP의 역할이 무엇인지 궁금할 것이다.

　사실 XRP의 진짜 목적은 리플 네트워크 내의 '연결 통화 (Bridge Currency)'가 되는 것이다.

　리플은 은행 간 해외 송금을 위한 블록체인이다. 해외 송금 과정에서는 당연히 환전이 필요하다. 환전을 할 때는 두 쌍의 화폐 사이의 평소 거래량이 중요하다. 평소에 거래량이 많은 화폐끼리는 '유동성이 높다'고 말한다. 예를 들면 환전 시장에서 '달러화-유로화'나 '달러화-위안화'는 유동성이 매우 높은 쌍이다. 반면 태국 바트화와 스위스 프랑은 상대적으로 유동성이 낮아 환전하기가 어렵다. 이럴 때는 유동성이 풍부

한 화폐를 거쳐서 환전을 하는 것이 편리하다.

A라는 시골 마을에서 B라는 시골 마을에 갈 일이 생겼다. 도시에서는 그런 일이 드물지만, 시골에서 시골로 이동할 때는 버스 배차 간격이 2~3시간씩 되기도 한다. 이럴 때는 인근의 큰 도시인 C로 가서 다시 B로 가는 버스로 갈아타는 게 훨씬 빠를 수도 있다. 시골 마을끼리 왕복하는 버스는 적어도 큰 도시로 가는 버스라면 배차 간격이 훨씬 짧을 테니 말이다.

이때 환승 구역이 되는 도시 C가 연결 통화의 역할이라고 볼 수 있다.

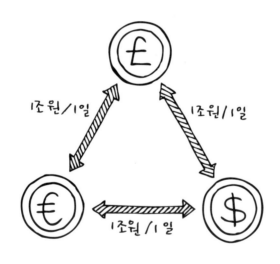

각 화폐의 하루 거래량

달러(USD)와 유로(EUR), 파운드(GBP)라는 세 종류의 화폐가 있고, 각 화폐 쌍에 대한 1일 거래량이 앞의 그림과 같다고 하자(단, 편의상 환율은 무시한다).

이 상황에서 모든 환전이 기축 통화인 XRP를 거친다면 다음과 같이 표현될 것이다.

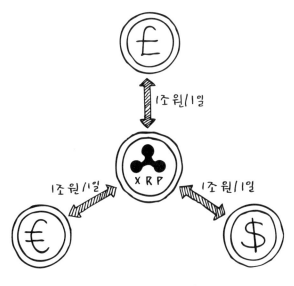

기축통화(XRP)를 통한 환전

이 경우, XRP와 다른 화폐의 1일 거래량은 얼마가 될까? 3가지 화폐에 대해 중간에서 두 번씩 거래가 이루어지므로 각 화폐와의 거래량이 2조 원이 된다.

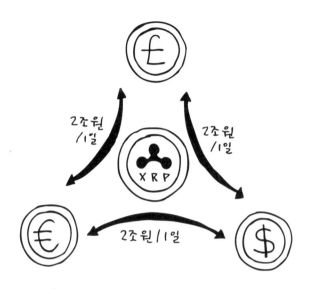

기축통화(XRP)의 화폐 거래량 집중

연결 통화는 서로 다른 화폐 쌍에게 나누어져 있던 거래량을 집중시킨다. 여기서는 3가지 화폐의 예만 들었지만, 수십 가지 화폐를 거래한다면 수백 가지의 화폐 쌍이 나온다. 리플사는 XRP가 리플 네트워크 안에서 이런 연결 통화가 되기를 바라고 있는 것이다.

다시 앞의 버스 예시로 돌아가서, C가 A와 B를 연결하는 환승 구역이 될 수 있었던 이유는 C가 가장 번화했고 인구도 많은 곳이기 때문이다. A나 B 지역의 사람들이 자기 마을을

환승 구역으로 하자고 주장해봐야 소용없는 이유다.

마찬가지로 리플사가 XRP가 연결 통화라고 주장한다고 해서 바로 그렇게 될 수 있는 것은 아니다. 일단 XRP는 달러화나 유로화는 물론이고 비트코인과 비교해도 거래량이 한참 부족해 현재 상황에서는 굳이 XRP를 이용할 이유가 없기 때문이다.

리플사는 XRP를 사용해 환전하면 수표를 사용해 환전하는 것보다 다음과 같은 점에서 이득이라고 주장한다.

첫째, 게이트웨이가 파산할 경우 게이트웨이를 통해 발행한 수표는 가치가 없어지는 데 반해 XRP는 이런 리스크가 없다.

둘째, 거래 상대방이 수표를 발행한 게이트웨이를 신뢰하지 않으면 그 수표를 받아주지 않는다. 하지만 XRP는 리플 네트워크에 있는 누구나 받아준다.

셋째, 게이트웨이는 수표를 발행할 때 신용 보증의 대가로 소정의 수수료를 부과하지만, XRP는 수수료를 낼 필요가 없다.

그러나 리플사는 네트워크의 신뢰성을 높이기 위해 대부분 대형 은행이나 거래소 위주로 게이트웨이를 확보하는 중이다. 따라서 게이트웨이가 지급불능에 빠지거나 상대방이 게이트웨이를 신뢰하지 않을 가능성은 매우 낮다. 게다가 XRP도 외부 화폐로 환전할 때 외부 거래소를 사용해야 하므로 수수료는 나가게 된다. 리플사가 강점으로 내세운 3가지 이유 모두 설득력을 잃는다.

오히려 XRP의 높은 가격변동성 때문에 문제가 있다는 비판이 힘을 얻자, 리플사는 이에 대해 '은행들은 XRP를 교환의 매개로 사용하는 것이지 계속 보유할 필요가 없기 때문에 가격변동성이 문제가 되지 않는다'고 답했다.

그 주장이 옳건 틀렸건, 리플사에게는 사람들이 XRP를 사용하도록 만드는 것이 매우 중요하다. 리플사는 어마어마한 양의 XRP를 가지고 있고, 이것이 그들의 수익원이기 때문이다. 그래서 XRP를 사용해야만 이용 가능한 여러 가지 고급 기능을 추가하고 리플 네트워크를 사용하는 금융 기관에게 XRP를 대량으로 지급하는 등 XRP의 유동성 확대를 위해 노력하고 있다.

그럼에도 현재까지 대부분의 은행은 법적으로 완전히 인정받지 못한 암호화폐를 외환 거래에 쓰기를 꺼리고 있다. 리플 네트워크에 가입한 은행들조차 대부분은 XRP를 사용하지 않는 분위기다. 최근 '머니그램'이라는 송금 업체가 XRP를 활용한 외환 거래를 '테스트'한다고 발표하기는 했으나, 그뿐이다. 앞으로 XRP가 연결 통화로서 가치를 가질 수 있을지는 좀 더 지켜봐야 알 수 있을 것이다.

요약하자면, XRP의 가치는 리플 네트워크를 사용하는 은행이 얼마나 많은가가 아니라, 얼마나 많은 은행이 XRP를 사용해 환전을 하느냐에 달려 있다. 리플은 XRP 없이도 사용할 수 있기 때문에, 리플 네트워크가 광범위하게 쓰이는 것과 XRP가 연결 통화로 자리 잡는 것은 다른 얘기다.

요 약 ¶

1) 리플 네트워크는 은행 간 외환 거래에 드는 비용과 시간을 줄여준다.

2) 리플 블록체인은 채굴 경쟁이나 보상 체계가 없는 프라이빗 블록체인이다.

3) 리플 네트워크는 XRP 없이도 수표를 발행해 사용할 수 있다.

4) 리플사는 XRP가 환전 시 필요한 연결 통화가 되는 것을 목표로 한다.

4장

암호화폐의
미래

1.
블록체인과 암호화폐를
알아야 하는 진짜 이유

인류의 역사는 '협력 방식'의 진화였다

유발 하라리는 저서 『사피엔스』(김영사, 2015)에서 "인간과 다른 동물들을 구분하는 특성은 많은 숫자가 모여 유연하게 협력할 수 있는 능력이었다"고 말한다. 책은 어떻게 호모 사피엔스가 '모르는 사람과 협력하는 능력'을 통해 세상을 지배하게 되었는지를 담고 있다.

유명한 연구 결과에 따르면, 인간이 개인적 관계를 통해 협력할 수 있는 집단의 규모는 150명 내외라고 한다. 그래서

150명 이하의 집단에서는 혈연이나 친분 관계 등을 통해 사회가 유지된다. 하지만 인간은 생물학적 한계를 뛰어넘어 수만 명이 사는 도시, 수십만 명을 지배하는 제국을 건설했다.

이런 대규모 협력이 가능한 이유는 인간이 국가, 화폐, 기업 등 공통의 개념을 믿기 때문이다. 하라리는 이것을 허구의 '이야기(Fiction)'라 칭한다. 인간은 물리적으로 존재하지 않는 것을 이야기하고 믿을 수 있으며, 그 이야기를 바탕으로 네트워크(조직)를 만들어낼 수 있다. 하나의 국가를 믿는 사람들은 서로를 전혀 모르더라도 전쟁터에 나가 목숨 걸고 싸울 수 있으며, 같은 화폐의 가치를 믿는 사람들은 불편한 물물교환을 하지 않고도 서로에게 필요한 물건을 얻을 수 있다.

개체로서는 평범했던 호모 사피엔스는 대규모의 조직적 협력을 기반으로 제도와 기술을 발전시켰다. 제도와 기술 발전은 다시 협력하는 방식의 발전으로 이어졌다. 인간이 새로운 '이야기'를 만들어낼 때마다 사회가 할 수 있는 협력의 수준과 범위가 늘어났다. 그리고 협력의 진화는 거대한 변화로 이어졌다.

사회 발전의 필수조건, 거버넌스

동일한 '이야기'를 믿어야 대규모 협력을 할 수 있는 이유는 사회가 커지고 복잡해질수록 '규칙'과 '관리자'의 역할이 중요해지기 때문이다. 많은 사람이 모이면 필연적으로 여러 가지 문제가 일어날 수밖에 없는데, 그런 상황일수록 올바르게 의사결정을 내리고 구성원 모두가 규칙을 제대로 지켜야만 사회 질서가 유지될 수 있다.

예를 들어 사회에 아무런 기여도 하지 않고 협력의 과실만 먹으려 드는 무임승차자들을 그냥 내버려둔다면 아무도 제대로 협력하려 하지 않을 것이다. 그래서 규칙을 정하고 강제할 사람이 필요하다.

협력의 결과물을 어떻게 분배할 것인가의 문제도 있다. 형평성 있게 분배해야만 개인들이 불만을 갖지 않고 사회가 유지될 것이다.

이처럼 사회는 계속해서 의사결정과 판단을 해야 하기 때문에 합의된 규칙과 관리자의 역할이 매우 중요하다. 앞서 대시를 다룰 때 잠깐 설명했던 것처럼, 한 사회가 질서 있게 유지되기 위해 필요한 의사결정 시스템, 즉 조직의 운영 방식을 거버넌스(Governance)라 한다. 이는 한 사회가 할 수 있는 협력의 수준과 범위를 좌우하는 요소이기도 하다.

하라리가 말한 '이야기'는 바로 이런 거버넌스를 만들어내는 데 중요한 역할을 했다. 국가와 화폐, 기업과 같은 '이야기'들은 모두 인간들이 더 효율적이고 질서 있게 협력할 수 있게 해주었다. 게다가 생물학적인 규칙을 따라 협력하는 다른 동물들과 달리 '이야기'는 실재하는 것이 아니기 때문에 계속해서 수정하고 바꿔나갈 수 있었다. 왕의 지배를 받는 사회에서 민주주의로 바꾸어나간 것 역시 이러한 거버넌스의 발전이라 할 수 있다.

이처럼 거버넌스를 끊임없이 발전시킨 덕에 인류는 다른 동물들이 꿈도 꾸지 못한 거대한 협력을 이뤄낼 수 있었던 것이다.

인류가 활용한 거버넌스의 방식은 수없이 많지만, 크게 2가지로 분류해볼 수 있다. 쉽게 말해 '통제에 의한 질서'와 '자발적 질서'다. 다른 말로 '중앙화 방식'과 '탈중앙화 방식'이라고 할 수 있다. 물론 대부분의 거버넌스는 어느 한쪽의 극단이라기보다는 넓은 스펙트럼에 가깝지만, 기본적으로는 이 2가지에 기인한다.

정부는 대표적인 중앙화 거버넌스다. 공공 서비스들은 대부분 정부의 의사결정과 통제에 따라서 운영된다. 반면 중앙 권력이 거의 영향을 미치지 못하는 주식 시장은 대표적인 탈중앙화 거버넌스라 할 수 있다. 여기서는 개인이 자유롭게 언제 어떤 주식에 투자할지를 결정하고 그에 맞춰 가격이 형성된다.

앞서 예를 들었던 철도 교통과 자동차 교통도 두 방식의 차이를 잘 보여준다. 철도는 통제에 따라 움직이고 개인은 그저 사용만 할 뿐이다. 반면 자동차 교통은 개인이 스스로 의사결정을 하고 거기서 자연스럽게 질서가 생겨난다.

중앙화 방식과 탈중앙화 방식에는 모두 장단점이 있다. 일반적으로 안정성과 신뢰가 중요한 곳에서는 중앙화 방식을, 개인들의 동기부여와 창의성이 중요한 곳에서는 탈중앙화 방식을 사용한다.

사회는 이 둘을 상황에 따라 적절히 조합하는 방식으로 발전해왔다. 필요에 따라 공공 서비스를 시장에 맡기기도, 자발적 질서로 유지하던 것을 중앙화 방식으로 바꾸기도 한다.

통제에 의한 질서
(중앙 집중화)

자발적 질서
(탈 중앙화)

◀--▶

○ 철도 교통
○ 유료 소프트웨어 개발
○ 기업 생산
　(제품 생산)
○ 법 체계

○ 자동차 교통
○ 오픈 소스
　소프트웨어 개발
○ 기업 투자
　(주식 시장)
○ 언어 체계

▲ 거버넌스의 종류

승자독식 형태의 디지털 거버넌스

기존의 인터넷 기반 서비스 대부분은 중앙화 방식에 가까웠다. 그 이유 중 하나가 바로 '신뢰' 문제였다. 인터넷은 지구 반대편에 있는 사람과 대화를 할 수 있게 '연결'은 해주지만, 상대방에 대한 '신뢰'는 보증해주지 않는다.

그렇다면 인터넷 쇼핑몰에서 거래할 때 이 상품이 정말로 게시된 것과 같은 상품인지 어떻게 알 수 있는가? 누군가와 채팅을 할 때 상대가 정말 내가 알고 있는 그 사람인지 어떻게 확신하는가? 계약서를 메일로 받았을 때 그것이 위조되지 않은 원본임을 어떻게 믿을 수 있는가?

지금까지는 힘을 가진 특정 기관이 둘의 연결을 중개하는 방식으로 이 문제를 해결해왔다.

인터넷으로 옷을 하나 산다고 해보자. 개인과 개인이 거래를 할 경우 서로를 믿을 수 없다. 저 사람이 정말 돈을 부칠까? 저 사람이 내가 원하는 그 옷을 정말 보내줄까? 그래서 거래가 이루어지기 쉽지 않다.

이때 비교적 신뢰도가 높은 '기업'이 중개인으로 나서서 양쪽을 연결해준다. 인터넷 쇼핑몰들은 평점이나 리뷰, 사진 등을 통해 판매자의 신뢰를 보증하고, 에스크로 서비스를 사용해 소비자가 실제로 옷을 받았을 때만 판매자에게 돈이 전달되도록 해준다. 이 기업들이 중간에서 신뢰를 보증해주기 때문에, 우리는 네트워크에서 만난 상대방과 개인적 신뢰가 없더라도 거래를 할 수 있게 된다.

마찬가지로 온라인 송금을 할 때도 은행이라는 중개자를 거친다. 은행은 당신이 보낼 만큼의 돈이 있는 사람인지, 내가 보내는 사람이 그 사람이 맞는지를 확인해준다. 상대방이 돈을 받은 적 없다고 시치미를 떼도 은행이 보유한 거래 내역이 있으니 문제될 게 없다. 덕분에 상대방에 대한 신뢰가 없어도 은행을 통해 돈을 주고받을 수 있다.

네트워크는 사용자가 많을수록 가치가 높아지기 때문에 인터넷 서비스 중개자들에게서는 승자독식(Winner Takes All)의 법칙에 따라 일종의 '쏠림 현상'이 나타난다. 기능이 똑같다 하더라도 1,000만 명이 사용하는 메신저가 100명이 사용하는 메신저보다 가치가 더 높을 수밖에 없는 것과 같다. 그렇다 보니 누구나 많은 사람이 사용하는 네트워크를 쓰고 싶어 하고, 네트워크를 선택할 때도 더 큰 쪽을 선호한다. 자연히 그 네트워크의 가치는 또 증가한다. 이것을 '네트워크 효과(Network effect)'라 한다.

이 과정이 반복되다 보면 가장 큰 네트워크만 살아남게 된다. 즉, 네트워크는 그 특성상 자연스럽게 독점이 생겨난다.

신뢰를 보증하고 연결을 중개하는 기업들의 등장, 그리

고 특정 기업의 승자독식으로 인해 인터넷 서비스들은 점점 더 중앙화된 거버넌스로 기울고 있다. 페이스북, 구글, 아마존, 알리바바, 네이버 등이 그 대표적인 경우다.

블록체인과 암호화폐, 혁신적 거버넌스

블록체인은 디지털 세계에서 그전까지 불가능했던 탈중앙화 거버넌스를 가능하게 만들었다. 블록체인은 기록된 데이터의 신뢰를 보증하는 기술이지만, 이를 넘어 암호화폐(토큰)라는 자산의 기초가 되기도 한다. 이 자산의 가치는 네트워크의 가치와 연동되어 네트워크의 개인들이 가치 있는 일을 할 때마다 그 자산으로 보상을 해준다. 그래서 암호화폐는 각 개인이 공공의 이익(네트워크의 가치)을 위해 행동하도록 유도하는 수단이 된다. 즉, 암호화폐는 네트워크 참여자들이 정직하게 행동할 강력한 유인이다.

블록체인 '기술'과 암호화폐라는 '자산'을 조합하면 디지털 네트워크 내에서 '자발적인 질서'를 만들 수 있다. 이전까지 디지털 네트워크에서는 불가능했던 탈중앙화 거버넌스를 도입할 수 있게 된 것이다.

블록체인과 암호화폐는 새로운 거버넌스를 가능하게 하는 기술이자 인터넷 서비스에 '시장 메커니즘'을 결합하는 기술이다. 블록체인 기반 서비스들은 몇 가지 규칙을 정하고, 암호화폐라는 인센티브를 사용해 사람들이 자신에 이익에 따라 행동하게끔 만든다. 이것이 블록체인과 암호화폐가 혁신이라고 불리는 이유다.

인류 사회와 경제의 많은 부분이 디지털화되고 그 속도도 점점 빨라지고 있기 때문에 인터넷 상의 거버넌스 또한 더욱 중요해질 수밖에 없다. 이런 상황에서 블록체인과 암호화폐를 통해 중앙화된 거버넌스를 벗어나 탈중앙화 인터넷 서비스가 나타나면서 기존에는 불가능했던 서비스들이 가능해지고 있다.

탈중앙화 방식이 만능은 아니지만, 적어도 우리에게는 새로운 가능성이 생겼다. 탈중앙화 방식은 중앙화 방식이 할 수 없는 일들을 해낼 수 있다. 중앙화 방식이 더 유리한 분야도 있지만, 새로운 시도를 통해 우리는 기존 시스템의 장단점을 파악하고 더 좋은 방향으로 발전시켜 나갈 수 있다.

▲ 새로운 거버넌스

하지만 안타깝게도, 블록체인이나 암호화폐에 대해 사람들은 대부분 2가지만을 떠올린다. 복잡한 코드, 암호학, IT 용어 등 어렵기만 한 신기술 또는 오르락내리락하는 암호화폐의 가격 차트다. 블록체인을 '나와는 별 관련이 없지만, 돈 좀 벌어볼 수 있는 투자 또는 투기 수단'으로만 여기는 것이다.

하지만 진짜 중요한 것은 암호화폐의 가격이 아니라 이를 통한 탈중앙화 그 자체다. 가격 차트와 기술 용어 너머에 있는 블록체인의 본질과 의미를, 블록체인은 인류 사회가 협력하는 방식을 바꾸는 기술임을 알아야 한다.

역사상 거버넌스의 변화와 사회의 혁신적 변화는 궤를 같이해왔다. 그리고 블록체인은 그런 거버넌스를 바꾸는 기술로, 사회과학의 역사에 한 획을 그을 변화가 될 것이다.

물론 암호화폐에 투자하는 것도 좋다. 하지만 투자를 하더라도 본질을 알고 장기적인 투자를 하는 사람이 성공하는 법이다. 어떤 암호화폐가 미래에 더 큰 가치를 가지게 될 것인지도 장기적으로는 사회의 변화에 얼마나 기여하게 될 것인지에 달려 있을 테니 말이다. 그래서 이 새로운 거버넌스가 어떻게 유용하게 쓰일 수 있는지 탐색해나가는 것이야말로 우리에게 중요하다. 이것은 모든 사회 구성원들이 반드시 이해하고 고민해봐야 할 주제다.

2.
블록체인과
암호화폐의 진화

인터넷과 블록체인의 진화 흐름

"블록체인이 그렇게 대단한 기술이라면서 왜 아직도 우리는 블록체인을 일상에서 안 쓰고 있는 거지? 비트코인으로 물건도 살 수 없고, 송금에도 여전히 리플은 사용하지 않아. 그런데 도대체 블록체인이 어떻게 세상을 바꾼다는 거야?"

이런 의문이 든다면, 잠시 인터넷이 처음 발명되었을 때로 돌아가 보자. 70~80년대에 최초로 컴퓨터 간 통신이 이루어지고 인터넷의 기반 기술들이 개발되었다. 하지만 대중들의 반응은 심드렁했다. 다루기도 어렵고 힘든 컴퓨터를 언제 사서 쓰고 있겠냐는 반응이었다. 전화나 팩스를 쓰면 훨씬 빠르고 쉽게 똑같은 일을 할 수 있었다. 누구도 '한쪽 컴퓨터에서 다른 쪽 컴퓨터로 정보를 주고받는 기술'이 불과 30~40년 후에 세상을 지배할 거라고는 생각지도 못했다.

시간이 조금 더 흐르면서 인터넷 기반의 월드와이드웹(WWW)이 생겨났고, 웹브라우저가 등장했으며, 수많은 웹사이트가 생겨나기 시작했다. 이때부터 인터넷의 가능성을 깨달은 사람들은 기업을 세우고 다양한 시도를 했다. 사회의 주목이 쏠리고 벤처 기업 시장에 엄청난 돈이 몰렸다.

하지만 그때까지도 대부분의 사람들은 인터넷과 웹 기술이 실제로 어떻게 우리 삶을 바꿀 것이고 그 가치가 얼마나 될 것인지 이해하기 어려웠다. 그때까지도 인터넷 기술은 미숙했고, 대부분의 닷컴기업들은 자신들이 약속한 만큼 대단한 서비스를 제공하지 못했다.

블록체인도 마찬가지다. 비트코인이 처음 블록체인이라는 기술과 함께 등장했을 때 사람들의 반응 역시 미지근했다. 그저 해커들이 만든 게임 머니 정도로 여겼다. 인터넷뱅킹과 신용카드가 있는데 왜 굳이 국가가 보증하지도 않는 이상한 화폐를 쓴다는 건지 이해하지 못했다(물론 나도 그랬다).

조금 더 시간이 지나 이더리움이 등장하고, 화폐 시스템 이외에도 새로운 응용 사례들이 등장했다. 발 빠른 기업가들은 블록체인의 가치를 이해하고 블록체인 기반 사업에 뛰어들기 시작했다. 블록체인에 대한 기대감이 고조되면서 암호화폐 시장에 엄청난 돈이 몰렸다. 하지만 블록체인 기술은 아직도 굉장히 미숙하고, 실제로 눈에 보일 만한 성과를 내지 못하고 있으며, 암호화폐 시장은 여전히 불안정하다. 사람들의 삶을 바꿀 만한 킬러 앱도 아직 없다.

인터넷(웹)과 블록체인의 발전은 비슷한 궤도를 보이고

있다. 초기에는 아무도 관심이 없다가, 어느 순간 대중의 기대가 현재 기술의 능력치를 훅 뛰어넘어 버렸다.

이런 상황이 발생한 이유는 인터넷이나 블록체인이 단순히 하나의 용도를 가진 기술이 아니기 때문이다. 기술이 기존에 있던 것의 개선에 가까우면 사람들은 그 가치가 어느 정도인지 비교적 쉽게 인식한다. 유선 이어폰을 쓰다가 무선 이어폰이 나왔다고 해서 시장이 과열되지는 않는다. 사람들이 가치를 쉽게 평가할 수 있기 때문이다.

하지만 처음 등장했을 때의 인터넷과 마찬가지로, 블록체인은 기존의 개념들과 전혀 다르다. 셀 수 없는 응용이 가능하고, 누구나 그것들을 시도해볼 수 있다.

블록체인은 세상을 바꿀 수 있는 기술이지만, 그게 당장 오늘이나 내일은 아니다. 어떤 기술도 사회적 변화를 만들어내기까지는 상당한 시간이 걸린다. 기술을 어떻게 활용해야 할지 사회적 학습이 필요하기 때문이다. 인터넷이 처음 발명됐을 때 역시 누구도 "글로벌 검색 엔진과 소셜 네트워크, 전자상거래 같은 서비스에 활용할 수 있겠구나! 엄청난걸?"이라고 생각하지 못했다. 수많은 시도와 실패를 거쳐 지금과 같은 인터넷 인프라와 활용 방식이 만들어진 것이다. 심지어 구글도 수많은 시행착오를 겪고 학습한 후에 온라인 광고라는 새로운 수익 모델을 만들어내고 지금의 자리에 오르지 않았는가?

블록체인은 이제 막 걸음마를 뗐을 뿐이다

블록체인은 어떤 방식으로든 사회가 협력하는 방식을 바꿔놓을 것이다. 하지만 우리는 여전히 구체적으로 무엇을, 어떻게 바꿀지는 모른다.

개인적으로, 앞으로의 디지털 네트워크는 중앙화 네트워크와 탈중앙화 네트워크의 혼합 형태로 갈 것이라 생각한다.

실물 경제의 역사 역시 비슷하게 흘러왔다. 중앙 권력을 중심으로 한 국가 주도의 경제를 주장한 사람들이 있었고, 시장을 중심으로 한 자율적인 경제를 주장한 사람들이 있었다. 중앙 주체가 네트워크를 운영해야 한다는 주장과 개인들이 자율적으로 네트워크를 운영해야 한다는 주장이 있는 것과 유사하지 않은가?

사람들은 수많은 시행착오 끝에 상황에 따라 국가 주도와 시장 중심 방식을 모두 적절하게 활용해야 한다는 것을 배웠다. 시장과 국가, 양쪽 모두 장단점이 있기 때문에 어느 한쪽이 전부 맡는 것이 아니라 두 가지를 적절하게 혼합해놓은 시스템으로 발전해왔다.

중앙화 네트워크와 탈중앙화 네트워크 역시 어느 한쪽만 맞고 다른 한쪽은 틀린 것이 아니다. 분야와 상황에 따라 어떤 쪽이 더 적합한지가 다를 뿐이다.

우리가 해야 할 것은 어떤 분야에 어떤 방식이 적합한지를 시도하고 배워가는 것이다. 그리고 실제로 많은 사람이 다양한 응용을 시도해보고 있다. 아마도 그 대부분은 실패할 것이다. 하지만 실패가 두려워 아무것도 시도하지 않으면 아무런 발전도 없다. 이럴 때는 사람이 자유롭게 시도하도록 열어주고 그 시도들을 통해 학습하는 것이 최선이다.

성공과 실패를 판단하는 것은 토큰 시장이다. 실패한 네트워크의 토큰은 가치가 없어진다. 반면 성공한 몇몇 블록체인 기반 서비스는 우리 삶을 완전히 바꿔놓을 것이다. 적자생존을 통해 진화해온 인류의 진화 과정처럼 말이다.

암호화폐에 '투기' 이미지가 각인되면서 블록체인과 암호화폐에 거부감을 가지게 된 사람도 많을 것이다. 2000년대 초, 어떤 사람들은 닷컴버블을 투기라고 비판하고 기술의 미숙함을 지적했다. 하지만 다른 누군가는 그 와중에도 새로운 서비스를 시도했고, 기술을 발전시켜나갔다. 나는 블록체인과 암호화폐도 후자의 관점으로 봐야 한다고 생각한다.

현재의 문제를 정확히 인식하는 동시에 미래의 가능성을 바라보는 사람이 많아질수록 블록체인이 꿈꾸는 미래도 더 빨리 올 수 있다. 더 많은 사람이 기술을 이해할수록 더 나은 시도를 할 수 있고, 더 빠르게 배울 수 있다. 기술을 가치 있게 활용할 수 있도록 만드는 것은 결국 인간이기 때문이다.

블록체인과 암호화폐는 분명 이제 막 걸음마를 뗀 기술에 불과하다. 많은 단점이 있고, 수많은 실패를 겪을 것이며, 실망하는 사람도 생겨날 것이다. 하지만 그 모든 것을 발전의 한 과정으로 바라보고 경험해내지 않으면 변화도, 성장도 없다. 세상을 바꿀 수 있는 혁신적 기술 앞에서, 부디 단기적인 '투기' 마인드나 '남의 일'처럼 무신경한 시각을 내려놓고 기회를 찾아내는 사람이 되기를 바란다.

부록

미쳐 다루지 못한 주제들

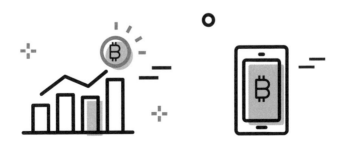

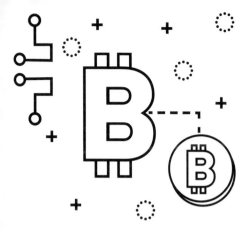

지금도 블록체인 분야는 빠르게 진화하는 중이다. 이 책에는 최대한 입문자를 대상으로 하는 기초적인 내용만 담았기 때문에 누군가는 부족하게 느낄 수도 있다. 그런 사람들을 위해, 본문에서는 미처 설명하지 못했지만 앞으로 블록체인이 발전해나가는 데 매우 중요하고 흥미로운 프로젝트들에 대해 간략한 설명과 참고할 만한 링크를 준비했다.

탈중앙화 거래소(Decentralized Exchange)

디앱들은 하나의 독립적인 경제를 가지고, 각자 그 경제를 운영하기 위해 독자적인 토큰을 가지고 있다.

그런데 사용자들이 디앱을 쓰기 위해 토큰을 구하려면 외부 거래소에서 사와야 하고, 그마저도 중앙화 거래소에서는 모든 토큰을 팔지 않기 때문에 원하는 토큰을 구하지 못할 수도 있다. 밥을 먹으러 푸드 코트에 갔더니 식권은 다른 건물에서 사와야 한다기에 기껏 사러 갔지만 내가 먹고 싶은 메뉴의 식권은 없다고 하는 격이다.

탈중앙화 거래소는 이런 경우에 이용하여 토큰을 교환할 수 있는 서비스다. 탈중앙화 거래소는 블록체인 기반이기 때문에 디앱 내부에서 연동이 가능하며, 편리하게 토큰을 구매할 수 있다. 물론 아직 '사용하려고' 토큰을 사는 사람은 없기 때문에 수요가 부족하지만 말이다.

탈중앙화 거래소는 사용자들의 토큰을 중앙화 거래소처럼 중앙 서버에 저장하는 것이 아니기 때문에 해킹 위협에서도 안전하다. 개인 간의 P2P 형태로 거래를 하다 보니 거래소를 신뢰할 필요도 없다.

법정 화폐 수신이 불가능하고 유동성이 부족하다는 단점이 있음에도, 디앱 생태계가 활성화되기 위해 반드시 필요한 인프라 중 하나이기 때문에 탈중앙화 거래소 프로젝트들은 많은 기대를 받고 있다. 대표적인 프로젝트로는 카이버네트워크(Kyber Network), 제로엑스(0X), 오미세고(OmiseGo), 에어스왑(Airswap) 등이 있다.

더 많은 정보를 알고 싶다면 다음 링크를 따라 각 사이트에 방문해보자.

참고 링크

— Why Decentralized Exchange Protocols Matter?

bit.ly/블록체인n암호화폐_01

— Decentralized Exchanges: What's the best formula?

bit.ly/블록체인n암호화폐_02

— 카이버 네트워크(KyberNetwork)의 시작과 탈중앙화 거래소

bit.ly/블록체인n암호화폐_03

— [알트산책] DEX시리즈 (2) 0X(제로엑스)

bit.ly/블록체인n암호화폐_04

스테이블 코인(Stablecoin)

비트코인과 같은 '화폐로써의 토큰'의 가장 큰 문제는 가격변동성이다. 화폐는 가치의 척도 기능이 필수인데, 하루에도 몇 번씩 극심하게 가격이 등락해서는 그 기능을 할 수 없기 때문이다. 현재 암호화폐로 물건을 사고팔 수 없는 이유 중 하나다.

이러한 문제를 해결하고자 등장한 것이 가치안정화폐(Stablecoin, 이하 스테이블 코인)이다. 스테이블 코인이란, 일반적으로 '1코인=1달러'를 유지하도록 만들어놓은 코인이다(물론 달러 외의 다른 화폐로 환산하는 스테이블 코인도 있다).

화폐 가치가 법정 화폐에 고정되기 때문에 가치가 변동

하는 암호화폐들보다 결제 수단으로 쓰이기에 유리하다. 하지만 화폐 가치를 고정시키는 것은 말처럼 쉽지 않다. 담보 자산을 설정하거나, 화폐유통량을 자동으로 조절하는 등 다양한 방법이 시도되고 있지만, 여러 가지 장단점 때문에 아직까지는 실험 단계다.

하지만 장기적으로 안정적인 가치를 가진 스테이블 코인이 생긴다면 암호화폐를 실생활에서 쓸 수 있는 날도 훨씬 빨라진 것이다. 대표적인 프로젝트로는 테더(Tether), 트루유에스디(TrueUSD), 메이커다이(MakerDai), 디직스골드(DigixGold), 베이스코인(Basecoin), 코왈라(Kowala) 등이 있다.

더 많은 정보를 알고 싶다면 다음 링크를 따라 각 사이트에 방문해보자.

참고 링크

— 외계어 없이 스테이블 코인 이해하기

https://brunch.co.kr/@bumgeunsong/55

— Stablecoins: A Holy Grail in Digital Currency by Nick Tomaino

http://bitly.kr/qBEx

— Stablecoins are doomed to fail by Preston Byrne

http://bitly.kr/k2TG

— An Overview of Stablecoins by Myles Snider

http://bitly.kr/VdXa

확장성 솔루션(Scalability Solution)

퍼블릭 블록체인의 가장 큰 과제인 시간당 거래 처리량을 늘리기 위한 확장성 솔루션 연구가 활발하다.

별도의 체인에서 거래를 빠르게 처리하고 최종적인 결과만 메인 체인에 기록하는 것이 주요한 방식이다. 검증 주체를 줄이고 합의 과정을 단순화하면 속도를 올릴 수 있지만, 확장성 솔루션의 목적은 특정 주체에게 권력이 집중되지 않도록 하면서 안전하고 빠르게 거래를 처리하도록 만드는 것이다. 아직 널리 도입되지는 않았지만, 이 기술이 잘 정착되어야 의미 있는 수준의 디앱들이 나올 수 있을 것이다.

비트코인에서는 라이트닝 네트워크(Lightning network)가 대표적이고, 이더리움에는 라이덴 네트워크(Raiden Network), 플라즈마(Plasma), 샤딩(Sharding) 등이 있다. 매우 복잡하고, 컴퓨터 공학 용어가 많이 사용되는 분야이니 공부하려면 마음의 준비가 필요하다.

더 많은 정보를 알고 싶다면 아래 링크를 따라 각 사이트에 방문해보자.

참고 링크

— 블록체인 확장성 솔루션 시리즈 :: Plasma Overview

http://bitly.kr/X3UN

— 블록체인 확장성 솔루션 시리즈 :: BTC relay

http://bitly.kr/LJmw

— How to explain Lightning Network to your non-technical friends?

http://bitly.kr/zMhZ

— Making Sense of Ethereum's Layer 2 Scaling Solutions: State Channels, Plasma, and Truebit

http://bitly.kr/WYat

— Blockchains don't scale. Not today, at least. But there's hope

http://bitly.kr/UH5S

인터체인(Interchain)

인터체인 솔루션(Interchain Solution)은 서로 다른 블록체인을 연결하는 기술이다. 블록체인마다 목표와 특성이 다르니 사용자들의 편의를 위해 블록체인 간의 호환성이 필요하다. 비트코인과 이더리움은 둘 다 없어지지 않을 것이므로, 비트코인 주소에서 이더리움 주소로 돈을 보낼 수 있는 기능이 있어야 한다. 이것이 인터체인을 연구하는 사람들의 주장이다.

예를 들어 누군가는 카톡으로, 상대는 라인으로 메시지를 보내도 서로 메시지를 주고받을 수 있게 해주는 것과 같은 기술을 말한다. 아마도 누군가 중간에서 2개의 메신저를 다 설치해 카톡에서 온 메시지를 라인으로, 라인에서 온 메시지는 카톡으로 전달해주면 가장 쉬울 것이다. 그러나 이 경우 전달을 담당하는 중개자가 생기게 되고, 이 중개자를 신뢰할 수 있어야 한다. 이는 블록체인이 추구하는 탈중앙화 방식과 맞지 않는다.

인터체인은 누군가를 신뢰하지 못해도 안전하게 블록체인 간 메시지를 주고받는 것을 목표로 한다. 하지만 블록체인들은 표준화가 되어 있지 않기 때문에 굉장히 구현하기 어려운 기술이다. 블록체인의 구현만 해도 쉬운 일이 아닌데, 각자 독자적인 기술과 구조를 가진 블록체인들을 연동하는 블록체인을 만드는 것이니 어려울 수밖에 없다.

대표적인 인터체인 프로젝트는 코스모스(Cosmos), 폴커닷(Polkadot), 블록 콜라이더(Block Collider), 에이온(Aion), 아이콘(ICON) 등이 있다.

더 많은 정보를 알고 싶다면 다음 링크를 따라 각 사이트에 방문해보자.

참고 링크

— 인터체인 프로젝트 비교

https://goo.gl/JJ5pPB

— 인터체인 개괄

http://bitly.kr/Zvsy

— What is the Interchain?

http://bitly.kr/Hodr

— The Opportunity for Interoperable Chains of Chains

http://bitly.kr/fZjW

암호경제학(Cryptoeconomics)

탈중앙화 어플리케이션을 만드는 사람들은 특정한 규칙을 설정하고 토큰이라는 자산을 활용해 네트워크를 설계한다. 목표는 사람들이 각자 자율적으로 자신의 이익을 추구할 때 최적의 결과가 나올 수 있도록 만드는 것이다. 토큰과 프로토콜이 만들어내는 '자발적 질서'가 탈중앙화 네트워크의 핵심이다. 인센티브와 규칙을 잘 활용해 이 질서를 어떻게 설계하느냐가 프로젝트 성공을 좌우한다.

암호경제학 또는 토큰경제학(Token Economics)이라고도 하는 이 분야에 대해 해외에서는 현재 다양한 연구가 진행되고 있다.

암호경제학은 사회과학의 이론을 사용해 특정 어플리케이션 내의 사회를 설계하는 분야로, 행동경제학, 심리학, 게임이론, 화폐 이론 등 다양한 분야에 대한 폭넓은 이해를 바탕으로 한다.

쉽게 얘기해 토큰경제학은 상벌점 제도와 같다. 바람직한 행동에는 '상점'을, 바람직하지 못한 행동에는 '벌점'을 준다(또는 상점을 깎는다). 그리고 이 상점은 나중에 '특정한 보상'으로 돌아온다. 이 보상은 물질적인 것일 수도 있고, 아니면 선생님의 칭찬일 수도 있다. 핵심은 보상이라는 도구를 통해 개인이 올바른 방향으로 행동하도록 유도하는 것이다.

암호경제학에서는 토큰이 곧 상점이고, 네트워크에 필요한 일이 곧 바람직한 행동이다. 물론 블록체인 기반 네트워크에서는 상벌점을 결정할 선생님이 없고, 참여자들도 초등학생들보다 훨씬 더 영악하기 때문에 더 복잡한 규칙과 설계가 필요하다.

지금 업계에서는 블록체인을 구현할 수 있는 개발자 외에도 블록체인 내부의 경제 체제를 설계할 사람을 구하느라 난리라고 한다. 앞으로 암호경제학자(Cryptoeconomist)가 핫한 직업 중 하나가 되지 않을까 싶다.

더 많은 정보를 알고 싶다면 다음 링크를 따라 각 사이트에 방문해보자.

참고 링크

— 블록체인과 암호화폐는 경제학이 필요하다

https://brunch.co.kr/@bumgeunsong/54

— 암호자산 가치평가의 현주소와 한계

http://bitly.kr/OGf2

— 이더리움 파운데이션의 경제학자, Jon Choi가 말하는 크립토 경제학의 세계

http://bitly.kr/uWXf

— A beginner's guide to institutional cryptoeconomics

http://bitly.kr/rJFW

— Introduction to Cryptoeconomics

https://vitalik.ca/files/intro_cryptoeconomics.pdf

— Making Sense of "Cryptoeconomics"

http://bitly.kr/4yNN

도서

『비즈니스 블록체인』(윌리엄 무가야 저/박지훈,류희원 공역/한빛 미디어/2017.05)

『블록체인 거번먼트』(전명산 저/알마/2017.05)

『Cryptoassets: The Innovative Investor's Guide to Bitcoin and Beyond』(Chris Burniske, Jcak Tatar 공저/McGraw-Hill Education/2017.10)

『거대한 전환』(칼 폴라니 저/길/2009.06)

『화폐경제학』(밀턴 프리드먼 저/한국경제신문사/2009.11)

기사/논문

「How does Ethereum work, anyway?」(By Preethi Kasireddy/Medium/2017.11.27)

「Fundamental challenges with public blockchains」(By Preethi Kasireddy/Medium/2017.12.11)

「Blockchain for non-techies」(By William Rode/Medium/2017.6.1)

「Why the net giants are worried about the Web 3.0」(By Matteo

Gianpietro Zago/Medium/2018.3.17)

「On the Origin of Smart Contract Platforms」(By Ed Posnak/Medium/ 2017.09.27)

「Off to the Races: Creating the Best Dapps Platform」(By Bennett Garner/Coincentral/2018.01.30)

「Money, blockchains, and social scalability」(By Nick Szabo/ Unenumerated / 2017.02.09)

「Why Decentralization Matters」(By Chris Dixon/ Medium/ 2018.02.19)

「Crypto Tokens: A Breakthrough in Open Network Design」(By Chris Dixon /Medium/2017.06.01)

「Rise of Bitcoin Competitor Ripple Creates Wealth to Rival Zuckerberg」(By Nathaniel Popper/ New York Times/ 2018.01.04)

「Cryptoeconomic Theory: Markets vs. Planning」(By Viktor Makarskyy/Blockchannel/2018.02.15)

「블록체인 '페북'을 꿈꾸는 스팀잇에 대해 알아보자」(최준호/아웃스탠딩/2018.01.31)

「Factom ($FCT) Analysis And Valuation」(By Myles Snider/ Multicoincapital / 2017.09.07)

「The Bear Case For XRP: Bitcoin Futures Edition」(By Kyle Samani/ Multicoincapital / 2017.12.20)

「가상화폐 스팀(STEEM)은 어떻게 세기의 난제를 해결했나(1) - 디지털 딜레마(2)」(polonius79/ steemit)

「가상화폐 스팀(STEEM)은 어떻게 세기의 난제를 해결했나(2) - 공짜 돈을 지급하라」(polonius79/)

「STEEM, Steem Dollars, Steem Power」(By andrarchy/ steemit)

「A Primer on Bitcoin Governance, or Why Developers Aren't in

Charge of the Protocol」(By Aaron van Wirdum/ Bitcoinmagazine / 2016.09.07)

「WTF is Ethereum?」(By Mohit Mamoria/ Medium / 2017.08.14)

「Who owns the Blockchain?」(By Mohit Mamoria/ Medium / 2017.07.26)

「Fat Protocols」(By Joel Monegro/ Union Square Ventures/ 2018.08.08)

「Scaling Ethereum to Billions of Users」(By Fred Ehrsam/ Medium / 2017.07.28)

「The Blockchain Killer App: Ethereum Tokens」(By Michael Oved/ Consensys / 2017.04.26)

「What Is Qtum?」(By weusecoin)

「Ethereum: A Next-Generation Cryptocurrency and Decentralized Application Platform」(By Vitalik Buterin/ Bitcoinmagazine / 2014.01.23)

「Cardano: Ethereum and NEO Killer or Overpriced?」(By Noam Levenson/ Medium /2017.12.29)

「NEO versus Ethereum: Why NEO might be 2018's strongest cryptocurrency」(By Noam Levenson/ 2017.12.07)

「Understanding Segwit and the Bitcoin Scaling Debate」(By Brendan Mcmanus/Medium /2017.09.02)

「Accelerating Evolution Through Forking」(By Fred Ehrsam/ Medium /2017.09.13)

「Blockchain Governance: Programming Our Future」(By Fred Ehrsam/2017.11.28)

「Blockchain 101 — only if you 'know nothing'!」(By Ritesh/ 2017.12.25)

「Review of the Dash Budget System, the First Blockchain-based

Decentralized Governance System」(By Eric Sammons/2016.12.30)

「Cash, Gold, 2X — What the fork!」(By Mohit Mamoria/Medium /2017.12.02)

「The Ridiculous Amount of Energy It Takes to Run Bitcoin」(By Peter Fairley/IEEE Spectrum/2017.09.28)

「A Letter to Jamie Dimon」(By Adam Ludwin/2017.10.17)

「WTF is The Blockchain?」(By Mohit Mamoria/ Medium / 2017.06.30)

「Beginner's guide series on cryptoassets (series) — from ethereum to litecoin」(By Linda Xie/ Medium / 2017.12.09)

「The meaning of decentralization — but what does that actually mean? nuances, depth」(By Vitalik Buterin/ Medium/2017.02.06)

외계어 없이 이해하는 암호화폐

© 송범근, 2018

1판 1쇄 2018년 6월 28일
1판 5쇄 2021년 12월 15일

ISBN 979-11-87400-33-2

저 자. 송범근
펴낸이. 조윤지
P   R. 유환민
편 집. 노준승
디자인. 섬세한 곰(김미성) www.bookdesign.xyz
본문그림. 김현아 rossa2133@naver.com

펴낸곳. 책비
출판등록. 제215-92-69299호
주소. 13591 경기도 성남시 분당구 황새울로 342번길 21 6F
전화. 031-707-3536
팩스. 031-624-3539
이메일. readerb@naver.com
블로그. blog.naver.com/readerb

'책비' 페이스북
www.FB.com/TheReaderPress

책비(TheReaderPress)는 여러분의 기발한 아이디어와 양질의 원고를 설레는 마음으로 기다립니다.
출간을 원하는 원고의 구체적인 기획안과 연락처를 기재해 투고해 주세요.
다양한 아이디어와 실력을 갖춘 필자와 기획자 여러분에게 책비의 문은 언제나 열려 있습니다.
readerb@naver.com